Au commencement était l'amour

L'amor che move il sole e
l'altre stelle

(L'amour qui meut le
soleil et les autres étoiles)

DANTE, *Le Paradis*,
Chant XXXIII

Du même auteur

Chez le même éditeur

Dieu était là et je ne le savais pas, Presses de la Renaissance, 1998.
Dieu écrit droit avec des lignes courbes, Presses de la Renaissance, 1999.
Les Rendez-vous de Dieu, Presses de la Renaissance, 2000.

Chez d'autres éditeurs

L'avenir est à la tendresse, Salvator, Le Cerf, 1979, 13e édition.
La Révolte de l'esprit, Stock, 1979. (Collaboration au livre d'Olivier Clément.)
François d'Assise, troubadour et prophète, Salvator, 1983. (Traduit en tchèque.)
Comme une fête de roseau, Le Centurion, 1983. (Traduit en italien.)
L'ombre obéit au soleil, Salvator, 1985.
Aime et tu vivras, Cana, 1986, 10e édition. Commentaires d'Évangile.
Puisque l'amour vient de Dieu, Desclée de Brouwer, 1988. (Traduit en espagnol.) Homélies à France Culture et au Jour du Seigneur.
Clins Dieu, Salvator, 1989.
Prêtres de la Mission de France, Le Centurion, 1993.
Accroche ta vie à une étoile, entretiens avec J.-P. et R. Cartier, Albin Michel, 1993.
Nomade de l'Éternel, Stock-L'Emmanuel, 1994.
Montre-moi Ton visage, variations sur les Psaumes, Desclée de Brouwer, 1996, 3e édition.
Quand l'amour se fait homme, Desclée de Brouwer, 1997.
Vos fils et vos filles seront prophètes, Bayard, 2000.
Un prophète à Buenos Aires, Salvator, 2001 (traduit en espagnol).
Prières glanées, Fidélité, 2002.

Stan ROUGIER

Au commencement était l'amour

Préface du cardinal Roger Etchegaray

PRESSES
DE LA
RENAISSANCE

Ouvrage réalisé
sous la direction éditoriale d'Alain NOËL
avec la collaboration de Danielle NOËL

Si vous souhaitez être tenu(e)
au courant de nos publications,
envoyez vos nom et adresse, en citant ce livre,
aux Éditions des Presses de la Renaissance,
12, avenue d'Italie, 75013 Paris.
Et, pour le Canada,
à Vivendi Universal Publishing Services Canada Inc.,
1050, bd René-Lévesque Est,
Bureau 100,
H2L 2L6 Montréal, Québec.

Consultez notre site Internet :
www.presses-renaissance.fr

ISBN 2.85616.898.1

À ceux qui ont fait appel aux dons de la tendresse de Dieu par mon sacerdoce.

À ceux qui m'ont fait le cadeau superbe de leur confiance, de leur soutien et de leur amitié, et surtout de leur foi solide et de leur espérance.

Au cardinal Etchegaray.

À Paulette et Raymond qui m'initient aux arcanes de la grammaire française.

En guise de préface

Cher Stan,

Vous êtes comme Jean, le disciple bien-aimé de Jésus, qui sur ses vieux jours répétait sans cesse la même chose : « Dieu est amour. »

Vous aussi, sur tous les tons, vous nous parlez de ce Dieu qui a séduit votre vie : votre vingt-deuxième livre ruisselle de cette tendresse divine. Croyez-le, c'est là le meilleur éloge que je puisse vous adresser, celui de la constance et de la fraîcheur de votre témoignage.

Dans un de vos livres, Puisque l'amour vient de Dieu, *vous écrivez : « On ne peut pas mettre Dieu en résidence surveillée. Il se manifeste, Il fait signe à qui Il veut et quand Il veut, selon son humour et selon son Amour. »*

Vous non plus, cher Stan, on ne peut vous mettre en résidence surveillée ! Vous continuez à gambader, « Nomade de l'Éternel », avec une besace pleine de pensées, polies au torrent de l'Esprit.

Continuez, continuez à être témoin de ce Dieu qui a osé Se révéler avec des entrailles maternelles… car l'apôtre Jean nous dit avec emphase : « Jésus a accompli encore bien d'autres actions. Si on les relatait en détail, le monde même ne suffirait pas, je pense, à contenir les livres qu'on en écrirait ! » *(Jn 21, 25.)*

Cardinal Roger ETCHEGARAY,
Vatican, 25 juin 2002

Prologue

Confidence d'un émerveillement

> « Il y a deux athéismes dont l'un est une purification de la notion de Dieu. »
>
> Simone WEIL

L'amour n'est pas une cerise sur le gâteau du dimanche. L'amour est une question de vie ou de mort.

La Bible conjugue à tous les temps le verbe « aimer ». « *Au commencement était le Verbe*[1]. » Au commencement était la Parole, la Relation. Dieu n'est qu'amour en Lui-même. Chaque personne divine n'existe que dans Sa relation aux deux autres.

Le fond de tableau des événements bibliques montre deux forces qui se partagent le monde :

1. Les références bibliques sont en italiques dans tout l'ouvrage.

l'Amour, et son antagoniste, l'anti-Amour, l'accusateur, le *Shatan*.

L'amour n'a qu'un projet : aider l'être aimé à exister, le faire grandir, le soutenir, l'épauler. *« Tu vivras, tu t'épanouiras comme les fleurs des champs »* (Éz 16, 7). L'adversaire rêve de nous désespérer. Sa parole est à l'opposé de celle de Dieu. « Tu ne vivras pas. Tu ne t'épanouiras pas comme les fleurs des champs. Tu te dessécheras comme de la paille. »

J'aurais pu regrouper toutes ces pages par thèmes, les classer en différents fichiers. Ma démarche se veut différente. J'utiliserai volontiers l'image d'un photographe qui prend des clichés du haut du ciel. Il saisit la même montagne, mais sous des angles différents. Il révèle à plusieurs reprises le même lac, mais les lumières ne s'y reflètent pas aux mêmes heures. Il veut montrer trois ou quatre fois le même arbre, mais à des saisons différentes.

Ce livre n'est pas un ouvrage de théologie. C'est la confidence d'un émerveillement, le partage d'une expérience spirituelle. Mon désir le plus grand est d'aider mes semblables à découvrir le Dieu Amour et Son visage de tendresse infinie. J'imagine leurs reproches lorsqu'ils seront eux-mêmes éblouis au-delà de la mort : « Pourquoi ne nous avez-vous rien dit ? Pourquoi un discours si froid pour évoquer la merveille des merveilles ? »

« Les concepts créent des idoles. Seul le saisissement nous rapproche de Dieu » (saint Grégoire de Nysse).

Je n'en aurai jamais fini de raconter la beauté de Dieu et les merveilles de Son message. Chaque mois, chaque semaine parfois, je découvre une facette inattendue de ce diamant.

Je voudrais crier ma découverte, laisser chanter ma joie. Les mots se cassent pour décrire une telle splendeur. Cela ne fait rien ! « *Nous ne pouvons pas ne pas parler* » ; il y a urgence.

Dans les livres *Dieu était là et je ne le savais pas* et *Dieu écrit droit avec des lignes courbes*, j'ai raconté combien la question du sens de la vie m'avait taraudé durant ma jeunesse. Les prophètes de la Bible avaient laissé des traces dans l'humanisme athée. Un fleuve de sens avait irrigué l'Occident.

Nietzsche exerçait sur moi une sorte de fascination. Il annonçait la mort de Dieu, mais, à ses yeux, l'humanité ne se remettrait pas de cette perte. Il est difficile de ne pas être saisi par l'accent tragique de sa prophétie.

« L'insensé se précipita au milieu d'eux et les perça de ses regards : “Où est Dieu ? cria-t-il. Je vais vous le dire ! Nous L'avons tué, vous et moi ! Nous sommes tous Ses meurtriers ! Mais comment avons-nous fait cela ? Comment avons-nous pu vider la mer ? Qui nous a donné l'éponge pour effacer l'horizon tout entier ? Qu'avons-nous fait, à désenchaîner cette Terre de son Soleil ? Vers où roule-t-elle à présent ? Vers quoi nous porte son mouvement ? Loin de tous les soleils ? Ne sommes-nous pas précipités dans une chute continue ?… N'errons-nous pas comme à travers un néant infini ? Ne sentons-nous pas le souffle du vide ? Ne fait-il pas plus froid ? Ne fait-il pas nuit sans cesse et de plus en plus nuit ?... N'entendons-nous rien encore du bruit des fossoyeurs qui ont enseveli Dieu ? Dieu est mort ! Dieu reste mort ! Et c'est nous qui L'avons tué ! Comment nous consoler, nous, les meurtriers des meurtriers ? Ce que le monde avait possédé jusqu'alors de plus sacré et de plus puissant a perdu Son sang sous nos couteaux ; qui essuiera ce sang de nos mains ?... Ne faut-il pas devenir nous-mêmes des dieux pour paraître dignes de cette action ?" »

Nietzsche n'était pas le seul à vouloir débarrasser le monde des lambeaux d'une « superstition qui avait fait trop de mal ».

« Comment peut-on croire encore en Dieu après Freud ? », me disait une amie convertie à la psychanalyse.

Marx nous ressassait que l'homme ne peut être libre et autonome que s'il « n'est plus redevable de son être qu'à soi-même ».

Sartre rejoignait cette intuition. L'existentialisme régnait en maître.

Et les défenseurs de Dieu, où étaient-ils ? Où étaient Ses « attachés de presse », Ses « avocats », Ses témoins ? Claudel, Bernanos, Péguy, Charles de Foucauld n'étaient pas des auteurs médiocres et leurs propos débordaient de gratitude envers un Dieu qui m'était inconnu. Mais ils n'étaient pas « au programme » !

Je pressentais que sans Dieu, la vie n'aurait peut-être plus de sens. Dieu Se révélait par une sensation de manque. Dans mes rares prières je Le secouais : « Fais-Toi connaître. Ne reste pas dans Ta cachette. Si Tu existais vraiment, Tu Te ferais connaître. Un père qui se cache pour que ses enfants ne le voient pas n'est pas un père. Ferme la bouche de Tes accusateurs. Stupéfie-les, éblouis-les. Montre-leur que Tu n'es ni un absent ni un incapable. Révèle Ta puissance. »

Il a commencé à répondre lors d'un long séjour en Afrique de l'Ouest. Dans ce pays, Dieu était une évidence. Animistes, musulmans et chrétiens étaient unanimes. Tous les pas conduisaient vers le Seigneur des Mondes.

Je demeurais écartelé entre le dieu désastre et le Dieu des astres, entre le dieu qui allume les bûchers et Celui qui porte le flambeau de la liberté, entre le dieu des armées et le Dieu désarmé.

Vivre avec Lui, entendre ceux qui ont fait l'expérience de Sa présence, découvrir la cause des malentendus entre Lui et nous, telles seraient mes seules préoccupations désormais.

Entre le jeune homme qui se répétait : « Je ne veux pas passer à côté de la vie » et ce Dieu au visage imprécis, il y eut une aimantation.

À ma requête de « révéler Sa Puissance » Dieu a répondu en me demandant ma vie. Quel pouvoir en effet !

Peut-on renoncer à l'amour humain lorsqu'on y a trouvé la clef de son bonheur ? Mais la majorité tout autour n'avait-elle pas droit à connaître ce Dieu innocent de tout mal ? Peut-on détourner les yeux lorsque c'est l'Éternel Lui-même qui appelle ?

Quelle preuve apporter qu'Il nous a saisis, sinon en Le laissant chambouler notre existence ? Ses témoins le disent. Dieu a tout renversé sur Son passage.

Le Vivant nous l'a fait comprendre ; cette courte période terrestre est un « stage », une « initiation ». Nous avons été inventés pour épouser Dieu.

Thérèse de Lisieux s'émerveille en s'appropriant ce que dit la Bible au sujet d'Israël : « Dieu a fait de moi ce que rapporte Ézéchiel. Passant auprès de moi, Jésus a vu que le temps était venu pour moi d'être aimée. Il a fait alliance avec moi et je suis devenue sienne. Il a étendu sur moi son manteau. Il m'a lavée dans les parfums les plus précieux… Alors je suis devenue belle à ses yeux. Il a fait de moi une puissante reine… »

Après huit années dans les cloîtres et dans l'enseignement des exégètes et des théologiens, je suis devenu à mon tour « ambassadeur » de ce Dieu si décrié. Je ne cessais de me heurter à une indifférence épaisse ou à une critique virulente.

Tenir quarante-deux ans avec un amour pour Dieu non pas inentamé mais décuplé…, ai-je besoin d'une autre preuve de Sa présence ?

Le désir de faire connaître le visage d'amour d'un Créateur mal connu n'a cessé de s'amplifier. « Allah Akbar. Dieu est plus grand que toute chose. Seul Il mérite nos pensées et nos paroles. Si vous vous fatiguez à me lire et si je romps pour vous écrire le silence du cloître, c'est pour nous aider mutuellement à mieux Le connaître et Le servir » (Charles de Foucauld).

Deux événements sont survenus à très faible distance. Un de mes frères a quitté ce monde. Et j'ai été hospitalisé un mois pour une « embolie pulmonaire massive ». Ces deux événements récents me rendent plus proche la perspective du « grand départ ».

Un frère qui s'en va, « brutalement » comme on dit, c'est une part de nous-même qui nous est arrachée. Et une sérieuse embolie, c'est une répétition avant la « générale ».

Aurai-je réussi à temps à réaliser le projet dont je rêvais : dire combien Dieu dépasse tout ce que nous pouvons concevoir de compassion et de tendresse ?

Des responsables de télévision et de radio m'ont tendu leur micro. J'ai été invité à donner des conférences sur cinq continents. Après une cinquantaine d'homélies télévisées sur France 2, autant à France Culture et autant à la télévision canadienne, après plus de cinq cents conférences ayant pour sujet la question : « Qui est Dieu ? », que reste-t-il ?

Ma cousine, est partie vers l'Eternité
Ma soeur
Elle a préparé sa fin
avec grâce et dignité
Elle a vécu la « générale »
Sans rien regretter de sa vérité
La mort n'est pas un mal
Il est un passage vers notre
vrai destin.

De quel Dieu les athées sont-ils athées ?

> « Définissez-moi d'abord ce que vous entendez par Dieu et je vous dirai si j'y crois. »
>
> Albert EINSTEIN

Deux perceptions de Dieu se bousculent en moi.

Un dieu abstrait, sorte d'idée pure, paré comme Zeus d'attributs terrifiants, maintenant l'homme dans une sujétion infantile.

Un Dieu débordant d'amour, plus aimant que le plus grand amoureux du monde, infini comme le ciel, proche comme le chant de l'abeille. Je reconnais ces deux images dans l'impact qu'elles ont sur mon âme : répulsion violente ou extase.

Jésus-Christ m'a délivré des images intolérables de Dieu, causes de névrose et d'athéisme.

Qui donc est Dieu ?

Juge sévère ou Dieu de tendresse ?
Complice du malheur ou Dieu qui embauche ?

Intégriste ou Dieu de liberté ?
Propriété privée ou Dieu pour tous les humains ?
Triste et poussiéreux ou Dieu de joie ?
Redoutable ou Dieu de miséricorde ?
Sourd ou Dieu attentif à toute souffrance ?
Muet ou ne cessant de nous inviter à L'entendre ?
Dieu de mort ou Dieu des grands vivants ?
Dieu qui s'impose ou Dieu qui n'a que l'amour pour convaincre ?

« La vraie vie, Père, c'est de Te connaître »

La vraie vie, c'est de « connaître » Dieu. Ainsi, nous ne serons plus orphelins. Nous saurons dans quelle étoffe nous avons été tissés. Nous connaîtrons la signification de notre aventure terrestre, à la fois tragique et sublime. « Dieu s'est fait homme pour que l'homme soit fait Dieu »... Le mot « connaître », pour un Hébreu, ne désigne pas une démarche intellectuelle ; il s'agit de « vivre avec », de devenir l'autre, d'entrer dans son projet. C'est le mot que la Bible utilise pour désigner l'union intime des époux.

En ce court passage de l'existence sur notre planète, nous sommes en apprentissage de vie divine. Connaître le Père, c'est découvrir notre vérité profonde. De quel Père sommes-nous les enfants ?

Le Visage de Dieu qui Se révèle en Jésus-Christ dépasse tout ce que nous pouvions imaginer, même dans nos rêves. Chaque génération, chaque culture, chaque croyant mettra au jour une facette inattendue de ce diamant.

Quel visage de Dieu l'Évangile propose-t-il ? Un Dieu qui fait ruisseler Sa tendresse sur le monde par être humain interposé. En chaque mère, en chaque père aimant, le visage de Dieu nous apparaît. *« Je me blottis près de Toi comme le poussin sous les ailes de sa mère, comme l'enfant contre la joue de sa maman »,* dit l'auteur d'un psaume.

En hébreu, Dieu est *Rahamim.* Ce mot n'est pas froid et abstrait comme notre mot « miséricorde » ; il se traduit par « entrailles maternelles ». « Dieu est matriciel », écrit André Chouraqui.

Un malentendu prive les humains de leur Créateur. « Si tout est l'ouvrage d'un Dieu, tout doit être le mieux qu'il est possible. Si tout n'est pas le mieux qu'il est possible, c'est en Dieu impuissance ou mauvaise volonté. » C'est ainsi que Diderot définit la position de l'athée. Mais d'où lui vient cette idée d'un Dieu qui ne permettrait à aucune créature d'être assez libre pour inventer ou propager le mal ?

Si notre Créateur est un dieu de vengeance, nous passerons notre temps en règlements de compte. Ce dieu-là aime montrer sa force et punir : « Au nom du ciel, châtions tous les Israéliens », « Finissons-en avec les Arabes », « Exterminons tous les Américains ».

Si notre Père est un dieu mesquin, culpabilisant, tracassier, nous n'hésiterons pas à jeter des pierres aux femmes adultères.

Si notre Dieu est un dieu qui envoie la souffrance ou qui la permet de gaieté de cœur, nous serons trop heureux d'en rajouter, un peu sur nous-mêmes et beaucoup sur les autres.

*

De quel Dieu les athées sont-ils athées ? Les incroyants sauvent l'honneur du Créateur en refusant Ses caricatures qui traînent dans les livres d'Histoire. Les athées sauvent l'honneur de Dieu en refusant un Absolu dont la gloire s'établirait au détriment de l'homme.

Jamais nous n'aurions pu rêver d'une générosité aussi démesurée que celle de Jésus-Christ. Jamais n'a été proposé un Dieu qui recherche autant le concours de Sa créature pour prolonger Son amour *« sur la terre comme au ciel »*.

Peut-être est-ce en Le suivant sur Son chemin que nous aurons quelque chance de Le connaître : *« C'est celui qui fait la vérité qui vient à la lumière »* (Jn 3, 19).

Qui, aujourd'hui, prendra à Sa suite la défense des humiliés, des exclus, des laissés-pour-compte ? Qui prendra des risques pour une prostituée, pour un étranger, pour un collecteur d'impôts, pour un indésirable ? Qui guérira l'aveugle ou le paralysé ? Qui portera sur ceux qui souffrent un regard d'Espérance ? Qui leur offrira des mains de tendresse ?

À la veille d'être arrêté, torturé, Jésus rayonne : *« Père, j'ai fait connaître Ton nom... Désormais, je ne suis plus dans le monde... Mais eux, ils sont dans le monde... »* C'est à nous qu'est confiée la mission de révéler le visage de l'amour infini de Dieu.

Pour résumer Son activité de maître spirituel itinérant, Jésus emploie un mot qui, dans sa culture sémite, est très lourd de sens. Pour nous, hélas ! cela reste souvent de l'hébreu. « *Je T'ai glorifié sur la terre.* » Le mot « gloire » est employé plus de trois cents fois dans les textes de la première Alliance. Lors des interventions divines de sauvetage, de délivrance, l'auteur inspiré écrit : « *Ce jour-là, Dieu manifesta Sa gloire.* » La gloire est le rayonnement de l'amour.

Lorsqu'on demande à Jésus pourquoi tel jeune infirme est aveugle de naissance, Il ne s'appuie sur aucune théorie comme celle d'un châtiment des parents ou d'une réincarnation punitive. Il dit : « *Afin que la gloire de Dieu se manifeste en lui...* » Et, à cet instant, Il le guérit.

« La gloire de Dieu, c'est l'homme vivant » (saint Irénée). La gloire de Dieu, c'est de sauver l'homme de ce qui empoisonne sa vie.

Le rossignol loue Dieu par son chant. L'homme glorifie Dieu en se découvrant responsable de ses frères humains. C'est en devenant un grand vivant et en aidant ses semblables à le devenir que l'on glorifie le Seigneur des mondes.

La tendresse de Dieu peut rejoindre chacun dans son tourment, sa solitude, sa détresse. Jésus n'a pas d'autres mains que les nôtres pour rendre la terre habitable. Il n'a pas d'autre voix que la nôtre pour dénoncer l'injustice et pour annoncer l'Espérance.

Dès que l'Esprit-Saint se trouve un point de chute, Il réalise des merveilles. Nous avons été témoins de ces merveilles dans les pays de l'Est et aux Philippines. Le malheur n'est pas une fatalité. Le mal est d'une puissance effrayante, mais nous pouvons faire reculer l'horreur.

Un nombre important de jeunes glissent dans la déprime : « À quoi bon vivre ? » répètent-ils... D'autres tombent dans le cynisme, la dérision, la drogue, les actes de violence. Tout cela n'est-il pas d'abord un cri pour nous inviter à lire la grande misère de notre époque, son vide spirituel ?

« Dieu est Amour ; celui qui aime est né de Dieu et connaît Dieu. » Une présence tendre et aimante au cœur de notre cœur veut nous délivrer des faux visages de Dieu. Elle se nomme *Ruah* : Souffle saint de Dieu. Ce mot hébreu est féminin. Dieu n'est pas masculin. *« Dieu fit l'homme à Son image : homme et femme Il les fit. »*

*

« Si un Dieu a créé ce monde, Il aura beaucoup à se faire pardonner », disait un présentateur de télévision. Dieu a remis Sa Toute-Puissance entre nos mains. *« Je Me tiens à ta porte et Je frappe,* nous dit-Il, *Si tu M'ouvres, J'entrerai. »*

L'homme avance à tâtons dans la nuit. S'il ignore pour quelle aventure il est embarqué, s'il ne comprend pas pourquoi il existe, il s'ennuie.

Le Maître des mondes a remis Son désir entre nos mains. Le jour où nous comprendrons Son projet, nous n'aurons plus de griefs contre Lui. C'est à vous, nous dit-Il, d'être *« la lumière du monde, le sel de la terre, le levain dans la pâte. »* Si Dieu a osé inventer un monde où le risque de la liberté est si grand, c'est dans un acte de confiance totale envers Sa créature.

En éliminant Dieu de l'horizon, les humanistes athées ont jeté une ombre sur l'aventure humaine. Pour eux, nous sommes condamnés à ne jamais savoir le fin mot de l'histoire. Ils nous acculent à la désespérance. Je pense à ces propos d'un ami : « Des innocents souffrent et ne connaîtront jamais le versant heureux de la vie, donc Dieu n'existe pas. Puisque Dieu n'existe pas, rien après la mort ne viendra rééquilibrer les injustices d'ici-bas ! Le monde est donc absurde. » Cherchez l'erreur !

*

« La science ne donne pas de sens à la vie, elle en retire. Or le “comment” ne suffit pas au mammifère anxieux, il faut du “pourquoi” à son bonheur, comme à ses malheurs[1]. »

« Père, j'ai révélé Ton Nom. » De la nature du Créateur dépend notre propre nature. Car c'est de Lui que nous sommes issus. Si l'homme vient du néant, il ne sait rien sur lui-même. Il ne sait ni pourquoi il naît, ni pourquoi il aime, ni où la mort l'entraîne. Il s'agite dans les ténèbres. La vie n'est plus qu'un « mauvais rêve plein de bruit et de fureur ». Dans cette nuit absurde, comment s'enthousiasmer ? Il y a le mot « Dieu » dans le mot « enthousiasme ». Ayant perdu l'un, nous ne tardons pas à perdre l'autre. Sans Dieu, comment trouverions-nous le sel de la joie ?

---

1. Régis Debray, *Dieu, un itinéraire*, Odile Jacob, 2001.

Avant de quitter ce monde, Jésus confie à ses amis la mission la plus décisive, une mission qui prolonge celle qu'il est venu lui-même vivre au milieu de nous : être la lumière et le sel. Être l'amour qui donne la saveur, l'intensité et la ferveur de l'existence.

Pour les trois quarts de nos contemporains occidentaux, le sel a été affadi. Le nom de Dieu a été prostitué. En Son nom, les plus sanglantes batailles sont livrées ! En Son nom, les pires tortures sont commises ! En Son nom, des terroristes sans cœur massacrent des femmes et des enfants. En Son nom, des consciences sont piétinées. L'inconscient collectif associe foi et intolérance. Jésus nous avait prévenus. « *Lorsque le sel perd sa saveur, il n'est plus bon qu'à être jeté et les passants le piétinent.* » L'entendez-vous dans les médias, le crissement du sel affadi que l'on piétine ? L'ironie déversée contre ceux qui prétendent croire vise-t-elle la foi véritable ou la foi falsifiée ?

« Le christianisme fait pratiquer la casuistique des péchés, la critique de soi-même, l'inquisition de la conscience… Ce qui est chrétien, c'est la cachotterie, les lieux obscurs. Il fait mépriser le corps, il rejette l'hygiène comme sensualité… Ce qui est chrétien, c'est un certain sens de la cruauté contre soi et contre autrui, la haine contre ceux qui pensent différemment, la volonté de persécuter… Ce qui est chrétien, c'est la haine contre l'esprit, contre la fierté, le courage, la liberté. Ce qui est chrétien, c'est la haine contre les sens, contre les joies des sens, contre la joie tout court… » (*L'Antéchrist*, Nietzsche.)

Écoutons dans les conversations le bruit des pas sur un sel affadi : « Les chrétiens sont toujours tristes, culpabilisés, coincés entre le péché qu'ils viennent de commettre et celui qu'ils ne vont pas tarder à commettre ! » « Les chrétiens, ce sont eux qui entassent le plus de pierres pour les jeter contre la femme adultère ! » « J'aimerais Dieu si Ses croyants ne L'avaient pas fait à leur image » (Émile Henriot).

Dans une revue trouvée par hasard, dans un train, on cite pêle-mêle des propos du Christ pour prouver qu'il est la cruauté même : *« Allez-vous-en, maudits ! », « Celui qui ne hait pas son père et sa mère... »* La lumière elle-même, dénaturée, devient ténèbres...

— La parole forte *« Allez-vous-en »* s'adresse à ceux qui ont refusé toute solidarité, à ceux qui auraient pu sauver un être en danger et ne l'ont pas fait. C'est un langage codé qui signifie : « Rien n'est grave sinon perdre l'amour. »

— « Haïr ses parents » est un hébraïsme qui signifie : préférer quelqu'un à ses parents. Les traductions d'aujourd'hui ont rectifié.

Dans son *Antéchrist*, Nietzsche extirpe des Évangiles une douzaine de propos que ces « minables d'évangélistes ont mis dans la bouche de leur maître » et qui, hors contexte, ont en effet un sens déroutant.

Tout est codé dans les Évangiles. Tout se passe comme s'il fallait une intention pure pour mériter d'en avoir le code d'accès. *« Père, je Te bénis d'avoir caché ces choses aux intellectuels et aux surdoués pour les dévoiler aux petits et aux simples* » (Lc 10, 21).

Les contresens, traces de l'ignorance, s'accumulent. Les projections humaines voilent notre intelligence. Si nous croyons réellement que Jésus a une autorité divine, est-ce que cela ne vaut pas la peine d'apprendre à lire ?

Lorsque nous pensons l'Éternel contre l'homme, lorsque la gloire de Dieu est proclamée au détriment de l'homme, il ne s'agit plus du Dieu de Jésus-Christ. Hier, je voyais le film franco-israélien *Kadosh* d'Amos Gitaï. Deux jeunes femmes, Rivka et Malka, sont prisonnières des hommes, qui sont eux-mêmes prisonniers de la Torah. Dans ce milieu ultra-orthodoxe de *Mea Shearim,* le cœur humain est broyé par des observances méticuleuses. Ici, le *Shabat* n'est pas fait pour l'homme !

Portons à l'infini les relations des amoureux. Interrogeons les parents au sujet d'un enfant qui leur a été enlevé. Dieu aura les traits de ces deux passions. Il y a quelques années, j'entendais à la télévision Frédéric Dard *(San Antonio)* évoquer les retrouvailles avec sa fille enlevée contre rançon. « C'est infiniment plus que du bonheur, c'est la vie qui commence. » Je croyais entendre Dieu retrouvant son enfant égaré, si bien peint par Rembrandt.

Un nombre de plus en plus grand de jeunes ne voient d'issue que dans la drogue ou dans la mort. On s'en étonne ! Ce qui m'étonne plutôt, c'est qu'il y en ait tant qui résistent et trouvent le courage de survivre dans un monde privé de lumière et de saveur. À quel prix ? Être des jeunes loups dans la jungle de la compétition, voilà un idéal qui manque singulièrement de flamme et de sel.

C'est dans ce monde que nous avons été placés. Sur cette terre, il nous incombe de révéler par nos paroles et nos actes de quel Maître nous sommes les disciples ! Dieu a remis Son visage entre nos mains.

*

« C'est à l'amour que vous aurez les uns pour les autres que l'on reconnaîtra que vous êtes mes disciples ! » (Jn 13, 35). Cette parole de Jésus devrait nous remplir à la fois d'une joie immense et d'un sentiment aigu de pauvreté. *« C'est dans des vases d'argile que nous portons des trésors »* (saint Paul).

« Vous qui voyez, que faites-vous de la lumière ? », criait une petite juive aveugle dans une pièce de Claudel. Provoqués par les visages douloureux de nos contemporains en quête de lumière et de saveur de vivre, aurons-nous la bonne idée de nous tourner vers Jésus le Messie ? Notre religion n'est pas une idéologie ou un idéal. Nous croyons en Quelqu'un : *« le Chemin, la Vérité, la Vie »*, le merveilleux visage de l'Amour, *« la lumière et le sel »*.

Nos contemporains nous voudraient copies conformes de l'Évangile avant de nous entendre. Jésus n'a pas attendu que la Samaritaine soit une sainte pour lui confier une mission. À nous de ne pas venir avec l'arrogance de nos belles certitudes, mais *« dans la faiblesse et tout tremblants »* (saint Paul). Ce n'est pas l'humble qui témoigne, c'est le vaniteux que Dieu est en train de rendre humble. Ce n'est pas le généreux qui porte témoignage, c'est l'égoïste que Dieu est en train de rendre généreux.

*

J'assiste depuis plus de trente ans à une curiosité croissante à l'égard d'un Absolu sans visage. À cause de l'affadissement du monothéisme chrétien, beaucoup cherchent du côté des spiritualités orientales. « L'Ultime Réalité » serait trop grande ou trop informelle pour être Quelqu'un. Un Dieu avec un cœur qui bat, un Dieu à visage humain serait disqualifié. Pourtant, même les Hindous, pour lesquels l'Absolu est au-delà de toute représentation, ont besoin de se Le représenter. Le plus souvent, ils Le voient sous la forme d'un couple enlacé. Cela fait sourire les Occidentaux ! Et pourtant !

André Comte-Sponville se plaint de ce que les « preuves de l'existence de Dieu échouent à prouver que ce quelque chose de nécessaire, d'absolu, d'éternel, d'infini soit une personne, non seulement une réalité mais un sujet, non seulement quelque chose mais quelqu'un, non seulement un principe mais un Père » *(Présentation de la philosophie).*

Ce que nous ignorons de l'Éternel est toujours plus vaste que ce que nous prétendons en connaître.

« Dieu est trop grand pour être enfermé dans une seule religion », ai-je lu sur une affiche aux États-Unis. Personne en effet ne peut écrire sur son stand : « Dépositaire exclusif des secrets de Dieu ». Personne ne peut prétendre tout comprendre d'un Être plus vaste que l'univers.

« Celui qui m'a vu a vu le Père », disait Jésus à Philippe. Qui pourrait dire : « J'ai compris Jésus-Christ. Je sais qui il est » ? Même si nous avions de lui une excellente photographie, nous ne saurions pas qui Il est. C'est d'ailleurs vrai de ceux que nous aimons. Et cela ne nous empêche pas de les aimer.

Raimond Pannikar, prêtre catholique indien, disait : « L'Évangile de saint Jean ne sera compris que lorsqu'il sera traduit par un Indien. » Chaque culture, chaque religion peut élargir nos œillères et nous aider à aller plus loin dans la connaissance du Mystère Jésus. Ai-je lu les Évangiles dans la lumière de l'Esprit-Saint ou dans les limites de ma culture occidentale ?

Voici un échantillon de mon credo :

Je crois en trois Personnes unies en un Dieu unique.
Je crois en Dieu, source de tous les êtres : le Père.
Je crois en Dieu au milieu des hommes : le Christ.
Je crois en Dieu au-dedans de nous : l'Esprit-Saint.

Je crois qu'en Jésus-Christ habite la plénitude de la révélation, mais Jésus-Christ dépasse infiniment ce que j'ai pu découvrir et comprendre de Lui. *« Mes paroles sont Esprit et vie »* (Jn 6, 63). J'ai besoin de tous mes frères des différentes religions pour purifier mon regard. Rien ne m'autorisera à dire : « Nous possédons la vérité. » C'est à elle de nous posséder !

I

DIEU EST TENDRESSE

Un Dieu qui se donne

> « Ce qui empêche de voir Dieu est que notre esprit est compliqué et que Dieu est simple. »
>
> Malcolm de CHAZAL

Devant un tel don, nous n'avons rien de plus urgent à faire que de L'accueillir.

« J'ai besoin de savoir quand tu viendras », dit le renard au Petit Prince. « Alors, je m'habillerai le cœur pour le jour de ta visite. »

Au fronton du Palais de Chaillot sont écrits en lettres d'or ces mots du poète Paul Valéry :

> « Il dépend de toi que je parle ou que je me taise,
> que je sois une tombe ou un trésor.
> N'entre pas ici sans désir ! »

C'est par l'attente que grandit la soif de la Présence.

Jésus, après avoir parlé des ténèbres qui tombent sur la terre, ajoute joyeusement : *« Prenez la comparaison du figuier... Lorsqu'il commence à bourgeonner, vous dites : l'été est proche.* »

Au cœur même de nos plus grandes détresses, Jésus vient annoncer qu'un éternel printemps commence. On croit entendre le refrain du Cantique des Cantiques :

« *Viens, ma toute belle...*
Viens dans mon jardin...
Viens. Les pluies ont cessé.
L'hiver est derrière nous.
Les fleurs sont au figuier...
Tu me fais perdre le sens, ma fiancée,
par un seul de tes regards ! »
(Cant 4, 9-2, 11.)

Ainsi parle Celui qui se présente comme Dieu venu en notre chair, le Bien-Aimé qui vient pour nous épouser.

Jésus fait un jour allusion à la vision radieuse de Daniel :

« *Voici sur les nuées du Ciel comme un Fils d'homme.*
Il vient. Il arrive jusqu'à Dieu... Tous les peuples Le servent.
Son règne ne passera pas.
Son règne est indestructible... » (Dn 7, 13-14.)

Quels que soient les drames que vous aurez à subir, dit en substance Jésus, le dernier mot appartiendra toujours à l'Amour. Les catastrophes sont des signes avant-coureurs de la victoire définitive. La mort elle-même vous délivrera de vos dernières entraves. Les apôtres ont dû s'accrocher à ces paroles, lorsque l'un après l'autre ils subirent les procès, la prison, la torture, le martyre jusqu'à la mort !

En pensant au Rwanda, à la Palestine, au terrorisme d'un Islam défiguré, il me revient en mémoire un poème d'Aragon composé pendant l'occupation nazie :

> « Ah ! je désespérais de mes frères sauvages !
> Je voyais, je voyais l'avenir à genoux,
> la Bête triomphante et la pierre sur nous...
>
> ... Quoi ! ce serait toujours par atroce marché
> un partage incessant que se font de la terre
> entre eux ces assassins que craignent les panthères...
>
> ... Quoi ! les bagnes toujours et la chair sous la roue,
> le massacre toujours justifié d'idoles
> aux cadavres jetés ce manteau de paroles,
> le bâillon pour la bouche et pour la main le clou... »

Ce poème si bien mis en valeur par Jean Ferrat me fait toujours frissonner tant il exprime l'Espérance apportée au monde par Jésus-Christ.

> « Un jour pourtant, un jour viendra couleur d'orange
> un jour de palmes, un jour de feuillages au front,
> un jour d'épaules nues où les gens s'aimeront,
> un jour, comme un oiseau sur la plus haute branche. »

Jésus nous invite à la jubilation. Les signes avant-coureurs de l'éternel printemps sont là. Changez vos épreuves en espérance. Changez vos larmes en une danse.

> « Aux pauvres parvient la Bonne Nouvelle.
> Aux captifs, la délivrance. Aux affligés, la joie... »

Pendant des siècles, le Messie s'est fait attendre. Il se faisait attendre pour intensifier en son peuple le désir. Il fallait en arriver aux cris : *« Ah ! si Tu déchirais les cieux et si Tu descendais ! »*, *« Fais-nous voir Ton visage et nous serons sauvés ! »*

Marie, petite fille d'Israël, a porté cette attente à son sommet. C'est pourquoi elle n'a pas manqué la visite. Son accueil était accordé à Celui qui venait.

Ceux qui ont manqué Sa venue ont quelques traits en commun. Ils ont rangé Dieu dans des concepts. Ils L'ont enfermé dans des repères précis. Ils ne L'ont pas laissé être le Dieu déroutant, inattendu, imprévisible. Ils L'ont assigné à résidence.

En regard de la longue histoire de l'humanité, l'attente d'Israël est récente. Comme ces hommes sont proches de nous ! Comme ils nous ressemblent ! Nous avons les mêmes réflexes de sécurité, le même penchant pour les certitudes, la même peur d'être bousculés. Nous avons le même orgueil de nous croire dans le bon camp, le même besoin de posséder la vérité et de nous installer ! Vêtements mis à part, on croirait que les Évangiles se sont déroulés hier.

« Pour vous, qui suis-je ? » demande Jésus. Il n'est pas d'interrogation plus décisive. En effet, si Dieu existe, Il est ton Créateur, la source de ton être. Il détient le secret de ton existence. Tu es tissé dans l'étoffe divine. Si Dieu est néant, concept vide, tu es à ton tour néant et vide. Si Dieu est solitude, indépendance, impassibilité, volonté de puissance, tu recherches

la solitude et l'indépendance. Le Créateur ne peut créer qu'à partir de Lui-même.

Pour que nous sachions qui nous sommes, il nous faut d'abord savoir qui est Dieu.

Durant ma jeunesse, le Créateur était le cadet de mes soucis. L'équitation et la littérature avaient plus de poids sur mon cœur. Et l'amitié surtout, la fulgurante amitié.

Dans le dialogue passionné que j'ai entretenu depuis plus de quarante ans avec mes compagnons d'incroyance, j'ai acquis la conviction que le rejet de la foi est souvent le refus très noble d'une caricature. C'est l'envers de la nostalgie d'un Dieu que l'on voudrait pouvoir adorer. Le père Le Saux disait : « Le dieu des concepts et des définitions me donne la nausée ! » Était-il moins croyant pour autant ? J'ajouterais volontiers : le dieu culpabilisant me donne des cauchemars.

Avant toute expression du Credo, nous devrions dire d'abord en quel Dieu nous ne croyons pas.

- Je ne crois pas au dieu, père Noël des grandes personnes, inventé par notre besoin de sécurité.
- Je ne crois pas au « Grand Esprit » qui se barde de mystère pour brouiller les pistes.
- Je ne crois pas au « Grand Magicien » qui méprise les recherches de la science, insulte le besoin de clarté et de liberté.
- Je ne crois pas au « Tout-Puissant » des intégrismes qui attente à la vie.

◆ Je ne crois pas au Créateur narcissique et mégalomane qui aurait créé les hommes pour se faire adorer.

◆ Je ne crois pas au Grand législateur tatillon qui multiplie des interdits pour tester notre obéissance.

◆ Je ne crois pas au « dieu dégénéré, antithèse de la vie au lieu d'être sa transfiguration » (Nietzsche).

◆ Je ne crois pas au père castrateur qui condamne avec sadisme les balbutiements du désir.

◆ Je ne crois pas au dieu spectateur immobile des accidents, des maladies, des catastrophes et des guerres.

◆ Je ne crois pas au dieu chef de parti qui donne sa grâce à des privilégiés et laisse les autres en arrière.

◆ Je ne crois pas au Christ guérillero, kalachnikov à l'épaule.

Nous marchons vers le visage adorable de Celui dont la beauté tient en un seul mot : Amour.

◆ Il Se révèle dans les regards extasiés et silencieux des amoureux.

◆ Il Se fait connaître dans une paternité au-delà de toute paternité.

◆ Il s'accueille dans une gratitude émerveillée.

◆ Il n'a que l'amour pour convaincre.

◆ Il veut entraîner ceux qu'Il embrase sur les chemins du bonheur.

Lorsque l'Amour se heurte au refus et à l'indifférence, il n'a plus que ses larmes. La « Toute-puissance » de Dieu est celle de l'Amour. Dieu, en Jésus-Christ, Se révèle dans la fragilité la plus vulnérable. Le plus grand empereur, s'il est amoureux, ne peut rien pour convaincre celle qui ne l'aime pas.

« Qui est le plus puissant, Dieu ou moi ? demanda un roi à un maître soufi. — C'est vous, Sire ! — Comment est-ce possible ? — Vous pouvez chasser un de vos sujets du royaume, le bannir pour toujours. Dieu ne le peut pas. »

M'aimes-tu ?

> « Tu créas la nuit, je fis la lampe.
> Tu créas l'argile, je fis la coupe.
> Tu créas la forêt, la montagne, le désert,
> Je fis l'allée, le jardin, le verger. »
>
> Mohammad IQBAL

Jean-Paul II, dès son arrivée en France en 1980, répétait les paroles du Christ à Pierre : *« M'aimes-tu ? »* Il répétait plus de vingt fois cette question, la rendant lancinante.

Si le Christ pose à Pierre et à chacun d'entre nous cette question, c'est qu'Il l'entend Lui-même, venant du Père. Cette interrogation constitue son être, puisqu'Il reçoit tout ce qu'Il est de l'amour du Père. Cet amour qu'Il reçoit, Il rêve de nous le transmettre. *« Comme le Père m'a aimé, moi, je vous ai aimés… »* Il rêve que cet amour se propage de proche en proche : *« Comme je vous ai aimés, aimez-vous les uns les autres. »*

Nous sommes nés de l'amour de nos parents. Mais davantage encore nous sommes nés de l'amour infini de Dieu. Cet amour est la source même de notre vie. Quel bonheur de n'être pas les enfants du hasard et du néant ! Un Dieu nous portait de toute éternité dans Ses rêves. Son plus grand désir est de nous offrir Son amitié. Il lui faut pour cela notre acceptation, Il y est impuissant si nous ne donnons pas notre adhésion libre.

J'ai été séduit par cette Bonne Nouvelle qui m'arrachait aux philosophies de l'Absurde. L'homme n'est pas une « passion inutile ». Nous venons de l'amour et nous sommes invités à y retourner. Voilà la plus grande lumière proposée à l'homme pour que sa vie trouve un sens. Les visions du monde des humanistes athées ne pesaient plus très lourd dans mon cœur devant cette intuition plus solide que toutes les parcelles de vérité !

*

Il nous est parfois difficile de reconnaître l'Amour de Dieu pour nous.

> « Je sais que vous avez bien autre chose à faire
> Que de nous plaindre tous.
> Et qu'un enfant qui meurt, désespoir de sa mère,
> Ne vous fait rien à vous » (Victor Hugo).

« La seule excuse de Dieu, c'est qu'Il n'existe pas » (Stendhal). Taraudé par cette question, je fouillai la Bible de fond en comble. Petit à petit, comme on rassemble, morceau après morceau, les pièces d'un puzzle, un dessein, un projet apparaissaient.

Dieu nous a placés dans un monde qui est un chaos. Il nous propose d'en faire un chantier. « Aimes-tu ? » devient la question ultime. Pour que l'amour puisse naître en nous, ne faut-il pas nous découvrir responsables les uns des autres ?

Les malheurs des autres ne sont-ils pas la trace de nos démissions ? Les défauts des autres ne sont-ils pas la trace de notre absence ?

Le Dieu de la Bible est un Dieu qui convoque, appelle, met en route. Des talents sont remis, une mission est confiée.

Lorsque nous regardons autour de nous, nous pouvons découvrir deux réalités : l'absence d'amour tue ou fait mourir, la présence de l'amour fait vivre.

La voix d'un pape a retenti qui, sur tous les tons, ne dit que cela ! « Nul ne peut vivre sans amour. » « Il faut revendiquer l'amour pour l'homme. » Ce prophète est infiniment crédible parce qu'il ne vient pas d'une molle société de consommation. Il vient d'un pays où seule une résistance passionnée a permis de subsister et de garder son âme. Lorsqu'il nous dit : « L'avenir pacifique de l'humanité dépend de l'amour », il sait de quoi il parle.

Jean-Paul II est venu nous tendre le visage de ce Crucifié-Ressuscité dont il serre l'image de ses deux mains contre son cœur. Voilà un homme habité, un mystique, un passionné de Dieu. De la plate-forme qu'il occupe, il est capable de « mobiliser les consciences ». Il répète, avec la conviction contagieuse des hommes qui ont traversé l'enfer, que l'amour n'est pas un ingrédient facultatif pour agrémenter le quotidien. L'amour, la fraternité, la réconciliation sont les dernières chances de l'homme.

Les propos de Jean-Paul II à l'Unesco ont été très clairs : « L'avenir de l'humanité est menacé... L'avenir pacifique de l'homme dépend de l'amour. »

*

« Ceci est mon corps livré pour vous... Ceci est mon sang versé pour vous... Faites cela en mémoire de moi. »

Nous aurions tort de croire que « *Faites cela* » veut dire seulement : « Fêtez, commémorez ». Si nous célébrons ensemble ce don d'amour, c'est pour pouvoir en vivre... Si nous fêtons Sa mort et Sa résurrection, c'est pour pouvoir devenir d'autres Christ. C'est ainsi que nous « *l'annonçons jusqu'à ce qu'Il revienne...* ». Cette communion est la réalisation du grand rêve de Dieu : ne faire qu'un avec l'homme. Dieu veut exister à travers nous.

« D'un amour éternel, Je t'ai aimé... Je t'ai appelé par ton nom... Pour toi, Ma tendresse déborde... Tu es appelé... pour ouvrir les yeux des aveugles, faire sortir de prison les captifs... » (Is 43-44.)

Celui qui aime découvre une grande lumière. Si son amour plonge ses racines dans l'infini, une conséquence immédiate se fera sentir. Celui qui aime aura envie d'aimer la terre entière en commençant par le plus triste, le plus solitaire, le plus abîmé, le plus démuni. L'amour ne supporte pas de garder son bonheur pour lui-même.

On s'étonne que tant de jeunes chrétiens désertent l'Eucharistie, cœur de l'Église. Venir là autour de l'autel de Dieu pourrait les mener plus loin. Peut-être le pressentent-ils ? Peut-être soupçonnent-ils que le Christ pourrait les engager à le suivre ? On peut comprendre qu'ils n'aient pas tellement envie d'y mettre le petit doigt... de peur d'y passer tout entiers.

La religion : un opium ? La religion : une fuite, un refuge ? C'est tout le contraire ! Ne confondons pas la religion du Christ avec ses contrefaçons ! Le Christ est un éveilleur. Il nous invite à le suivre. La messe ressemble à un bureau de recrutement en temps de guerre. L'Eucharistie pourrait être la convocation des « sauveurs » fatigués. Fatigués parce qu'il y a partout des rivalités, des conflits, des règlements de compte, des jalousies, des mesquineries, des procès d'intention, des jugements, des critiques, des reproches, des vengeances, des haines, des meurtres... En Hollande, des terres sont gagnées sur la mer ; de même dans notre monde, le respect sera conquis sur le mépris, la tolérance sur l'intolérance, la réconciliation sur le malentendu, la tendresse sur l'indifférence.

« Je suis venu allumer un feu sur la terre. Comme j'ai hâte qu'il se propage... » dit le Christ (Lc 12, 49). Si nous venons à la messe c'est pour ne faire qu'un avec Lui, pour que ce feu d'amour s'étende et que les plus démunis puissent en avoir une parcelle. *Ite missa est*, disait-on autrefois à la fin de l'Eucharistie. Certains traduisaient : « C'est fini ! » et d'autres : « Allez, votre mission commence ! »

Lorsqu'on aime, cela pèse lourd. Ne fermons pas les yeux devant les malheurs de notre temps. Trop d'hommes souffrent. Soyons saisis du désir immense de ne pas décevoir l'attente *« des plus petits d'entre les siens »*. Faisant quelques pas vers eux, nous découvrirons que notre pauvre amour n'est souvent qu'un balbutiement. À ce moment-là, nous aurons faim du Christ. L'Eucharistie nous apparaîtra comme un besoin vital pour ne pas mourir d'inanition. Nous ne pourrons plus nous en passer. Les autres voudront tirer de nous cet amour. Nous verrons combien nous sommes pauvres. Nous irons puiser l'amour à la source. Un arbre qui est en travail pour composer ses fleurs et ses fruits ne tarde pas à aspirer la sève du sol.

On interrogeait un jour un prêtre du Pays basque. « Qu'en est-il de la pratique religieuse dans votre région ? » Il répondit : « Autrefois, on parlait de l'absence à la messe comme d'un péché mortel. Nous avions les trois quarts de la population chaque dimanche. Maintenant on ne parle plus ainsi ! Alors la pratique n'atteint même pas un dixième de la population. »

La désaffection des chrétiens de certains pays d'Occident à l'égard de l'Eucharistie est étonnante. En Afrique, on fait volontiers dix kilomètres à pied pour ne pas manquer la messe. En France, tout est prétexte à s'en dispenser : la neige, la distance, la cuisine, un match, une balade à vélo, des achats…

Ce constat ne contient aucun reproche mais un étonnement. Un trésor fabuleux est proposé aux chrétiens et ils s'en détournent. Dieu qui nous a offert les cent heures actives de notre semaine doit être surpris que l'on ne sache pas Lui en offrir une seule pour accueillir le plus beau de Ses sacrements : Lui-même.

Lorsque le Christ a parlé du sacrement de l'Eucharistie, ses auditeurs ont fui. Il n'est plus resté que ses douze compagnons.

Le cadeau que Dieu nous fait en ce sacrement est si grandiose que nous ne parvenons pas à le comprendre. « Mon Dieu, soyez seul responsable de cette énormité », disait Claudel. Nous sommes aveuglés par trop d'amour, comme la chouette par trop de lumière !

On a eu tort peut-être de parler de « fêtes d'obligation ». Nos contemporains ne supportent plus d'aimer par obligation. Il nous incombe de dire et de redire *« à temps et à contretemps »* la grandeur de ce cadeau.

Si les prêtres disaient : « chaque dimanche, à la messe, on offrira cent euros à chacun », les églises seraient pleines à craquer. La présence de Jésus-Christ dans un morceau de pain vaut plus qu'un million d'euros. Une amoureuse qui ne viendrait à aucun des rendez-vous de son fiancé ne serait pas réellement amoureuse. Lui faire le moindre reproche de son manque de ferveur n'aurait aucun sens. Mais on n'en voudrait pas au fiancé de dire et de redire : « Viens, je t'en prie. J'ai besoin de ta présence. »

Celui qui aime est né de Dieu

> « Qui suis-je pour qu'on me fourre tout l'infini dans la figure ? »
>
> Paul CLAUDEL

Saint Jean nous invite à reprendre l'histoire de la Création depuis le début. *« Au Commencement était le Verbe. Et le Verbe était Dieu… »* (Jn 1, 1.) Quand était-ce ? Il y a quinze ou seize milliards d'années ? Tout a commencé lorsque Dieu par Son Verbe s'est lancé dans la plus formidable aventure qui soit.

À moins trois milliards d'années des êtres vivants apparaissent dans la banlieue d'une étoile, elle-même située dans la frange d'une galaxie. À moins six millions d'années, nos très lointains ancêtres apprennent à se tenir debout.

À moins quatre cent mille ans, celui qui nous ressemble comme un frère s'interroge : « Y a-t-il une vie après la vie ? » Il érige des sépultures pour ses défunts. C'est à ce signe que l'on reconnaît qu'il n'est plus un hominien mais un homme. L'horloge du temps se précipite. Plusieurs « révélations » sont données aux hommes. J'en évoquerai deux, en Inde et au Moyen-Orient.

En Inde, la Réalité ultime se manifeste comme plénitude de l'Être, ferveur, conscience, béatitude. Il est moins trente. Je parle en siècles. Notre horloge avance à pas rapides. Elle semble pressée.

Bientôt, l'Artiste invisible de l'Univers soulève le voile. Il fait Alliance avec un peuple du Moyen-Orient. «*À maintes reprises et sous toutes les formes*», Il éduque, Il élève la conscience de ce peuple. Il lui montre l'étoile à suivre : « Aime et tu vivras. Ne passe pas à côté de la vie. Tu es sur cette terre en stage d'amour. »

Ce Dieu nous délivre de l'absurdité d'une existence qui n'aurait ni origine ni direction. Il nous délivre d'une vie qui finirait dans l'absurdité d'un cimetière.

Nous arrivons au jour J. L'horloge du temps semble s'être arrêtée. C'est pourquoi, à Noël, même ceux qui ont oublié ce qui s'est passé ce jour-là mettent partout des guirlandes de lumière. Ils se retrouvent en famille, s'embrassent, s'offrent des cadeaux.

Dans une petite grotte de la banlieue de Jérusalem (Bethléem n'est qu'à six kilomètres), Dieu est devenu l'un de nous, incognito. Désormais, l'Histoire est partagée en deux : avant et après. Avant, quatre mille siècles environ pour préparer cet événement. Après, à peine vingt siècles pour en mesurer les conséquences. Nous sommes les premiers chrétiens.

« Dieu s'est fait homme pour que l'homme soit fait Dieu » (saint Irénée). Il prend un prénom d'homme.

Ce prénom donne le ton de Ses intentions : en hébreu *Ieshua*, en français « Jésus » : Dieu sauve, Dieu délivre. Il vient nous délivrer en effet de ce qui nous retient d'être de grands vivants : *« En Lui était la Vie... »*. Il est le donneur de sens : *« ... et la vie était la lumière des hommes »* (Jn 1, 4).

Exister est un cadeau prestigieux, lorsqu'on se sait le bien-aimé de Dieu en qui Il a mis tout Son Amour. Le Messie nous délivre de la peur de Dieu.

La Toute-Puissance de Dieu n'est pas ce que l'on croyait. Il est l'infini, oui, sans doute, mais un infini de générosité, donc un infini d'effacement. Il est l'Absolu, oui, mais l'absolu de la tendresse et non celui du pouvoir.

Il n'impose rien, Il propose. *« Jérusalem, [...] que de fois j'ai voulu rassembler tes enfants à la manière dont une poule rassemble sa couvée sous ses ailes..., et vous n'avez pas voulu »* (Luc 13, 34). Ni dictateur ni séducteur, Dieu est un mendiant. *« Je Me tiens à ta porte et Je frappe. Si tu M'ouvres, J'entrerai. »*

Lorsqu'Il tambourine à la porte d'Israël, en ce premier matin d'un monde nouveau, qui donc L'a accueilli ? La municipalité de Bethléem n'a proposé aucun logement inoccupé ! Seuls les plus pauvres de la région Lui ont fait fête : des bergers.

Christ, visage divin de l'homme, Jésus, visage humain de Dieu, fenêtre ouverte sur l'Ultime Réalité, tu es venu en ce monde pour nous dire qui nous sommes. Prince de la Paix issu d'un Royaume où le mot guerre n'existe pas, tout petit enfant que célèbrent les anges et que vénèrent les bergers, Dieu fragile qui as emprunté la couleur des yeux de Marie pour nous contempler et, pour nous parler, le dessin de ses lèvres, Jésus, tu viens nous dire : « Le Père n'a pas de secrets pour moi. Je suis venu pour Le dévoiler. Rien ne Le découragera de vous aimer. »

*

Jésus nous délivre de nos images insuffisantes à propos de Dieu. Il nous affranchit de nos tristes représentations. Il nous dit que Dieu est relation, qu'Il est élan vers l'autre, qu'Il est accueil, don, ouverture, qu'Il est extase, communion. L'icône qui Le représenterait peut-être le mieux serait un couple où l'Aimant et l'Aimée se regardent. Dans l'entre-deux des regards apparaît le mystère qui les unit : l'Amour.

Venant nous délivrer de nos entraves, Jésus s'y est heurté. L'homme enchaîné a assassiné son libérateur. Le malade fou a frappé son médecin. Il a rejeté son sauveur. Il l'a humilié, fixé à une potence comme on cloue une chouette à la porte d'une grange pour conjurer le mauvais sort. Cet acte a souligné la gravité de la maladie. Jésus a changé l'acte criminel en baume de guérison. *« Ceci est mon Corps livré pour vous. »* Le comble de la haine révèle le comble de l'amour. Sur deux poutres infâmes, l'Absolu révèle Son visage. L'amour n'est riche que d'amour. *« Il faut que le monde sache que j'aime le Père »* (Jn 14, 30), dit-il au moment où il marche sereinement vers ses bourreaux.

Par Jésus, nous avons tout appris sur la vérité de l'amour. Comme on a dit de Mozart qu'il était la musique faite homme, Jésus est l'Amour fait homme.

Vous qu'Il a aimés, vous, les exclus de toutes les exclusions, vous, les blessés de toutes les blessures, dites-nous ce qu'aimer veut dire.

◆ Dis-nous, Zachée, toi que ta petitesse et ton appât du gain faisaient montrer du doigt, ce que tu as ressenti lorsqu'Il t'a dit : « *Mon ami, c'est chez toi que je veux déjeuner aujourd'hui !* »

◆ Dis-nous, toi, prostituée anonyme, déshabillée par les sarcasmes de la haute société de Jérusalem, ce que tu as éprouvé dans ce regard nouveau et cette parole si douce qui te rendaient ton visage de femme ! Les connais-tu maintenant, le sens et le goût du verbe aimer ?

◆ Et toi, Samaritaine, as-tu reconnu la véritable soif de ton cœur, ce cœur trop grand pour les amours humaines ?

◆ Et toi, prise en flagrant délit d'adultère, accablée de honte, quel effet cela fait-il d'être aimée par quelqu'un qui te connaît enfin pour ce que tu es, et non pour ce que tu as fait ? Avais-tu imaginé qu'il y eût un rabbi qui puisse ignorer le jugement ?

◆ Et toi, lépreux, exclu de la société, comment définirais-tu l'amour de celui qui a bravé pour te guérir tous les tabous, encouru pour ton bonheur une ignominie pire que ta lèpre ?

◆ Et toi, Simon-Pierre, crois-tu qu'elle se trouve chez les hommes, cette manière d'aimer où un triple « Je t'aime » peut effacer un triple « *Je ne le connais pas* » ?

◆ Et toi, codétenu, compagnon de calvaire, en as-tu vu beaucoup des condamnés à mort ne pensant sous la torture qu'à ceux qui vont mourir près d'eux ?

◆ Et vous, bourreaux, saviez-vous jusqu'où peut aller le pardon lorsque c'est Dieu qui pardonne ?

« *Nul n'a jamais vu Dieu,* dit saint Jean, *mais celui qui aime est né de Dieu et il connaît Dieu.* » (Jn 4, 12-4, 7.) Celui qui aime connaît Dieu du dedans. Il boit à la même source, il partage le même Esprit. « À mesure que Tu M'aimes, J'existe », peut dire le Fils éternel à Celui qui est la vie de toute vie, l'amour de tout amour.

« Je ne crois pas à Dieu. Je ne crois pas en Dieu. Je crois en Dieu-Amour, en dépit de tout ce qui semble Le nier. C'est Son Être même d'être Amour, c'est Sa substance. Le partage fondamental de l'humanité ne passe pas entre ceux que l'on dit croyants et ceux qui se nomment eux-mêmes non-croyants. Il passe entre ceux qui devant la souffrance des autres se détournent et ceux qui luttent pour les libérer. Il passe entre ceux qui aiment et ceux qui refusent d'aimer[1]. »

1. Abbé Pierre, *Mémoires d'un croyant*, Fayard, 1997.

L’aimant, l’aimé, l’amour

> « L’amour divin n’est pas quelque chose de Dieu : c’est Dieu Lui-même. »
>
> Henri BERGSON

Lorsque nous regardons vers le Père, nous Le voyons souvent comme dans les peintures de Michel-Ange, tel un vieillard austère, ou bien comme un « œil dans la tombe » pour condamner Caïn. Nous ne Le voyons pas tel que Son Fils éternel nous L’a présenté. De plus, le mot « père » est abîmé par certaines blessures d’enfants battus ou empêchés de vivre grandeur nature.

Lorsque nous pensons au Christ, nous le voyons comme « Dieu fait homme », peut-être, mais on nous le montre seul. Croyant le rendre plus divin, nous l’avons imaginé plus éthéré.

Quant à l’Esprit, il nous déconcerte. Est-il une colombe, un violent coup de vent, une flamme ? Les gros sabots de notre raison piétinent les fleurs du mystère. Nous cessons alors de croire. À quel Dieu sommes-nous indifférents ?

Pour la plupart de nos contemporains, le Père n'est pas assez élevé pour être adoré ; le Fils est trop humain pour être crédible ; l'Esprit n'est pas assez intérieur pour être entendu dans le silence. Quelques-uns se sentent orphelins et malheureux ! Ils dévalisent les supermarchés des religions et les librairies ésotériques. Brebis sans pasteurs, ils cherchent des guides venus d'Asie. Pour éviter de leur tendre une main fraternelle, nous leur collons une étiquette réductrice : *New Age*.

Si nous écoutions nos frères musulmans et nos frères juifs, nous découvririons peut-être mieux Celui que nous nommons la « première personne de la Trinité ». Il est aussi invisible que nos pensées. Mais qui oserait dire que nos pensées sont irréelles ou inexistantes parce qu'elles sont invisibles ? Le silence de Dieu est aussi éloquent que la beauté de la création ou le mystère des nuits étoilées. Il a confié à Moïse Son Nom : *« Je suis qui Je serai »*. Il a ajouté : *« Tu Me verras de dos »*... Comprenez : « Tu Me connaîtras si tu reconnais Ma trace, tu Me trouveras si tu marches à Ma suite. » Son silence exprime Sa discrétion infinie.

Comment parler de l'Esprit-Saint (l'Amour) sans avoir d'abord parlé de Celui qui est le « vis-à-vis » du Père, Son Autre, Son Fils engendré avant le temps ? Sa venue sur notre Terre a coupé l'Histoire en deux : des millions d'années avant Lui, deux mille ans après Lui. Ceux qui ont compris son amour sans limites l'ont reconnu comme Messie.

Aujourd'hui, grâce à lui, nous découvrons l'infini de la compassion divine. Qui serait tombé si bas que le Miséricordieux ne pourrait l'y rejoindre ? Seul l'Éternel pouvait briser à ce point l'image impériale que les hommes ont aimé se faire de Lui : Tout-Puissant, Impassible, Solitaire, Immuable... Seul un Dieu réel pouvait Se donner le droit d'être le contraire de ce qu'on attendait de l'Absolu.

Les risques pris par Jésus-Christ pour devenir proche du plus lointain, consolateur du plus isolé, et accordant son pardon aux plus souillés, ont été démesurés. Seul Dieu pouvait Se laisser crucifier plutôt que de S'imposer. Dieu n'a que l'amour pour nous attirer et nous retenir à Lui.

L'amour humain pourrait nous faire pressentir la troisième personne de la Trinité. Un poème de Jacques Prévert m'avait mis, autrefois, sur une piste. Jacques personnifie l'amour qui le relie à son épouse Janine. Cet amour est pour lui comme une troisième personne qui ne fait pas nombre avec eux. « Je » et « tu » deviennent « nous ». En amour, le « un » englobe le « trois ». Jacques Prévert supplie cet amour qui le relie à sa bien-aimée de ne pas les quitter, de ne pas s'en aller :

> « Ne nous laisse pas devenir froids.
> Tends-nous la main. Sauve-nous ! »

Dieu révèle Son Être le plus profond en prenant visage humain. De même que nous disons : « un couple = deux personnes », quelle difficulté aurions-nous à dire « un Dieu = trois personnes » ? N'est-il pas essentiel pour tous les amoureux du monde d'être deux et un à la fois ? *« Dieu fit l'homme à Son image ; homme et femme Il les créa. »* Dès la première page de la Bible, nous étions avertis.

L'amour éternel dont Jésus est aimé rejaillit sur Ses frères humains. Il est le visage humain du Dieu invisible. « *Qui Me voit voit le Père.* » Ses gestes, d'une bonté poussée à l'extrême, ne sont pas les gestes d'un illuminé ou d'un anarchiste : c'est le Buisson ardent de l'éternel Amour.

L'Évangile devient limpide. De toute éternité, Dieu est « Relation ». « Le Père est l'Origine ; le Fils est le Visage ; l'Esprit, l'Intériorité », disait mon ami Olivier Clément. A-t-on jamais présenté le mystère de Dieu de façon plus simple ?

« Le Père est la source de l'Amour, le Fils montre l'Amour, l'Esprit communique l'Amour », me disait tout à l'heure un autre ami orthodoxe auquel j'avais donné ces pages à lire.

Je me revois pleurant de joie lorsque je découvris le seuil de ce Mystère merveilleux. L'amour humain me mettait en connivence avec ce prodige. Dieu n'est pas le Grand Ordonnateur de l'Univers. Dieu ressemble aux amoureux qui se livrent le secret de leur amour. Jubilation, Joie, Extase. Ce qu'il y a de plus beau au monde nous conduit jusqu'à Lui. « Il a demandé Dieu à une femme et elle Le lui a donné » (Paul Claudel, *Le Soulier de satin*).

*

« *Au commencement était le Verbe.* » Dieu est, en Lui-même, conversation ininterrompue, échange, communion, don, accueil, intimité émerveillée, joie partagée. L'univers est né du rayonnement de cette extase.

Chacun de nous est invité à se joindre à la famille éternelle. Nous avons été créés pour entrer dans ce bonheur sans ombre, sans fin et sans limites. Alors il en sera fini de notre solitude ! Le monde aura trouvé son sens et son enchantement. Nous n'avons plus qu'à nous préparer un cœur où un tel feu puisse brûler ! Le voilà, le sens de la vie. Est-ce trop beau ou est-ce trop peu ? En vingt ans, une petite carmélite nommée Thérèse avait achevé son stage. Elle avait tout compris : « Ma vocation, c'est l'amour. »

Dieu nous donne rendez-vous en Son Fils éternel, en qui Il révèle Son identité. *« Celui-ci est Mon Bien-Aimé en qui Je Me donne tout entier »* (Mt 3, 17).

Qui est Dieu ? Qui sommes-nous ? Ces deux questions n'en font qu'une !

Pour nos frères musulmans, comme pour Abraham, Moïse et les prophètes, la transcendance de Dieu exige Sa solitude. Mais pourquoi l'homme serait-il invité à aimer si le Dieu à l'image duquel il est créé ignorait tout de l'amour ? Pourquoi un tel projet si la nature de Dieu était de Se suffire à Lui-même ?

En devenant l'un de nous, « un de la Trinité » a révélé à nos yeux la nature de Dieu et la nature de l'être humain. Il n'est pas un monarque régnant sur Ses sujets selon Son bon plaisir. L'être humain ne s'humanisera pas en augmentant l'espace de son pouvoir. Dieu n'est ni dans l'ouragan, ni dans le tremblement de terre, ni dans la foudre — Élie en avait fait l'expérience. Le Tout-Puissant est dans *« la caresse d'une brise légère, le murmure d'un silence profond »* (1 R 19, 12).

L'individu renfermé sur lui-même n'est pas encore un homme. L'individu absorbé par le groupe ou par une secte n'est plus un homme. Être homme, c'est être en communion. Être homme, c'est être en dialogue, en relation, parole aimante et écoute attentive. Être homme, c'est être relié. Tout amour humain véritable crie cette vérité.

*

Une nuit d'orage, lorsque j'avais huit ans, une boule de feu explosa dans ma chambre, volatilisant une cloison. Abasourdi, je me mis à méditer. « Le Grand Patron a vraiment les moyens. » Il m'avait donné là peut-être un simple avertissement ! Le Dieu que j'avais parfois dans la tête était celui dont se détournent les anarchistes : « Dieu complet en lui-même ne peut avoir besoin de personne. N'ayant aucun besoin de l'amour des hommes, il ne peut les aimer. Ce qu'on appelle son amour est un écrasement absolu » (Bakounine).

Six sur dix de mes semblables en sont restés à l'image d'un dieu Pharaon, d'un dieu Jupiter, dénicheur de coupables. D'autres L'ont échangé, et ce n'est guère mieux, contre un dieu « bouée de sauvetage » ou un dieu gri-gri, porte-bonheur ! D'autres encore optent pour un dieu énergie cosmique, harmonie de l'univers.

L'être humain ne peut se passer de Dieu. Pourquoi préfère-t-il les dieux qu'il invente à Celui qui Se donne ? Comme le mot Amour, le mot Dieu a été tellement travesti que la plupart de nos contemporains choisissent de garder à Son sujet une indifférence tranquille, du genre : « On verra bien. » Certains estiment intolérable de n'avoir le choix qu'entre le néant et le père Noël, mais ils ne cherchent pas pour autant du côté des Églises chrétiennes ; la tristesse et le moralisme de certains de leurs représentants ont peut-être déçu leur attente.

*

L'amour donne accès à un visage nouveau de Dieu. Seuls les amoureux peuvent comprendre combien la tendresse partagée est plus sublime, plus noble et plus joyeuse que le pouvoir. Lorsque l'amoureux dit : « À mesure que tu parles, je découvre le secret de ma vie. À mesure que tu m'aimes, j'existe », il est un reflet de l'Éternelle Trinité. Être Dieu, c'est être en dialogue et en communion.

Lorsqu'une jeune fille, Etty Hillesum, se porte volontaire pour le camp d'Auschwitz afin de partager le sort infligé à son peuple, elle fait l'expérience de l'amour véritable, le même que celui qui a provoqué l'incarnation. Lorsqu'un père se rapproche au plus près de la bande de drogués dans laquelle son fils s'est embarqué, il fait l'expérience du premier Noël du monde.

Existe-t-il un événement plus étonnant que celui-ci : tandis que Dieu venait nous faire partager ce qu'Il avait de meilleur, nous Lui avons donné ce que nous avions de pire : l'indifférence et le mépris.

Le mépris vient d'une méprise. Oui, nous nous sommes trompés sur la véritable sainteté de Dieu, sur

Sa vraie grandeur, sur Sa transcendance. Où Dieu se montre-t-Il le plus Dieu ? Un Zeus qui ferait exploser les cloisons de la chambre d'un petit garçon avec le feu du ciel ne m'impressionnerait plus. En revanche, le regard d'un petit enfant palestinien que j'ai vu, il y a quarante ans, dans une grotte de Bethléem, m'a bouleversé pour toujours.

Ce n'est pas au Seigneur de la foudre que j'ai offert ma vie, c'est au Seigneur de la Tendresse. Un Créateur qui devient nouveau-né, pleurant parce qu'il n'a pas encore eu son lait. Fragile, à la merci d'un courant d'air. Un Dieu qui, devenu prêcheur itinérant, Se laisse humilier par tout ce que compte son époque d'autorités civiles, religieuses et militaires. Un Dieu qui ne tient pas Son rang.

L'Éternel a accepté de perdre la face, pour nous rendre un visage.

« Jésus ne peut pas être le Messie », disent mes amis juifs, « parce qu'un Messie ne peut pas échouer ». Isaïe n'aurait pas été du même avis lorsqu'il écrivait à propos d'un mystérieux « Serviteur », Messie peut-être : *« C'est grâce à ses plaies que nous sommes guéris »* (Is 53, 5).

J'aime cette histoire juive où un jeune homme se plaint à son rabbin : « Autrefois, il y avait des hommes qui parlaient à Dieu face à face. » Le rabbin lui répond : « Aujourd'hui, personne ne s'incline assez bas. »

Si le sacrifice de Dieu est immense, c'est qu'à Ses yeux, la valeur, la grandeur, le bonheur de l'être humain sont à ce prix. Dieu ne peut pas échapper à la logique de l'amour. Lorsqu'un homme est amoureux fou, il est capable de tout, même de mourir pour l'être aimé. Sans l'amour, nous resterions au seuil de ce Mystère.

Sans l'Esprit-Saint, les plus beaux livres et les plus beaux films à propos de Jésus nous laisseraient dans l'ignorance du trésor fabuleux qui a été donné au monde. Nous continuerions à faire de Pâques la célébration du chocolat. La Toussaint serait encore la fête d'Halloween et Noël, le festival du foie gras, des bulles de champagne et des guirlandes d'ampoules lumineuses.

Lorsqu'il s'agit d'ouvrir son cœur aux plus défavorisés, nous sommes bien sur la longueur d'ondes de Jésus-Christ. Mais pourquoi taire Son nom, à Noël ? C'est en Son nom que l'on pense aux êtres les plus blessés ! Pourquoi ne pas le dire ? Aurions-nous honte de Lui le jour de son anniversaire ?

Même si Jésus rassemblait en Lui les qualités les plus hautes des plus grands hommes, je ne Lui aurais pas donné ma vie. Mais le Dieu de Moïse S'est invité chez un inspecteur du fisc malhonnête. Le Dieu du Cantique des Cantiques a confié Ses secrets à une femme qui vit avec son sixième homme, le Dieu d'Élie a guéri un lépreux en pleine synagogue le jour du sabbat. Le Dieu trois fois saint s'est préoccupé chaque jour des muets et des sourds, des aveugles et des paralysés. Ce lien entre le plus élevé et le plus abaissé fait pour moi de Jésus un Dieu irrésistible ! Jésus a fait passer le sacré, du temple à l'homme. La divinité de Dieu épouse l'humanité de Jésus. Ainsi Jésus éclaire la plus grande question : « Qui est Dieu ? »

Lorsque Jésus ne tient même pas son rang de maître spirituel ou de prophète, c'est à ce moment-là qu'Il est le *« Reflet resplendissant de la gloire du Père : l'expression parfaite de son être »* (Hé 1, 3).

*

« Au commencement était le Verbe. » « Verbe » se dit en grec *logos* et en hébreu *Dabar* : la Parole créatrice éternelle. On pourrait traduire : « Au commencement était la Relation. »

« Le Verbe s'est fait chair. » La Relation éternelle, clef du monde, s'est rendue visible, toute proche, charnelle, à notre portée.

L'amour est le grand secret de l'univers. Il est le cep auquel tous les sarments se rattachent. Que cherche la mère dans les yeux de son petit enfant ? Que cherche la fiancée dans le regard de son bien-aimé ?

*

Allah, dans le Coran, est à la fois le plus lointain et le plus proche. « Il n'y a de Dieu que Dieu. » Rien ne mérite d'être écrit avec une majuscule sinon Dieu seul. Aucune cause, aucune philosophie, aucune valeur si sacrée soit-elle ne doit faire de l'ombre à Dieu. Il est au-delà de tout. Le livre sacré de l'Islam dit aussi : « Il est plus proche de toi que la veine de ton cou. »

La physionomie du Christ se trouve dans les Évangiles. Les Pères et les docteurs de l'Église, les saints et les saintes nous aident à traduire dans notre temps un texte qui fut rédigé dans une autre culture, avec des mots grecs qui eux-mêmes traduisaient des mots araméens. Mille ouvrages sur Jésus dans cent cultures diverses nous ont offert mille pièces du puzzle de son visage.

La physionomie de l'Esprit, du Souffle saint, réclame pour être mieux reconnue l'expérience des mystiques de toutes les religions. De même que Jésus disait : « *Celui qui m'a vu a vu le Père* » (Jn 14, 9), on peut penser que celui qui a vu le Christ a vu aussi l'Esprit, car il s'agit bien là du cœur de Dieu en cette relation qui unit le Père et Son Verbe éternel.

Ma foi ne peut être chrétienne que si j'adhère à ces trois Personnes sans en ignorer aucune et surtout sans jamais oublier leur union réciproque.

Le Père n'est plus seulement Celui qui Se révélait à Moïse et à Élie dans « *le toucher d'un fin silence* » (1 R 19, 12). Il est Celui qui Se donne en totalité à Son « Autre » éternel. Le Fils n'est pas seulement le maître spirituel, le guide, l'ami, le compagnon de quelques disciples éblouis. Il est celui qui Se reçoit tout entier d'un Dieu qui lui donne tout Son amour. Et l'Esprit n'est pas seulement cette « énergie » dont parlent les swamis hindous et les moines bouddhistes. Il est le Souffle de reconnaissance, de gratitude, de tendresse extasiée qui va du Père vers le Fils et du Fils vers le Père.

Le secret de l'Être, le secret de Dieu est là en cette révélation que l'Évangile de Jean ne cesse de dire et de détailler : la transcendance de Dieu n'est ni dans la puissance, ni dans l'omniscience, ni dans la solitude. La Magnificence du Très-Haut est dans le cœur à cœur. Au commencement était la relation.

Dieu au visage d'amour

> « Dès que je reconnais Dieu, je vis, dès que je L'oublie et que je ne crois plus en Lui, je meurs... Connaître Dieu et vivre, c'est la même chose. Dieu, c'est la vie... Ainsi fus-je sauvé du suicide. »
>
> Léon TOLSTOÏ

Je viens d'animer une retraite de fiancés. Le bonheur que j'éprouve durant ces journées est sans égal. Les regards d'amour dans lesquels ils se révélaient l'un à l'autre en disent plus long sur Dieu que dix sermons du dimanche.

La même semaine, j'ai contemplé le regard d'une jeune maman sur son fils d'un an et demi et la réponse éblouie dans les yeux de l'enfant. Ce sourire, cet entre-deux silencieux en disaient bien plus long sur Dieu que vingt livres de théologie.

Sur ces réalités profondes et simples, nous avons pourtant besoin qu'une parole divine soit entendue pour en célébrer la beauté et en révéler la signification.

C'est bien cela qui constitue le cœur de ma vocation ! Il faut dire où est Dieu. Si l'être humain venait du néant pour retourner au néant, que pourrait bien signifier le miracle d'un regard ?

*

« Si quelqu'un m'aime, il observera ma parole, et mon Père l'aimera ; nous viendrons à lui et nous établirons chez lui notre demeure. Celui qui ne m'aime pas n'observe pas mes paroles. Or, cette parole que vous entendez, elle n'est pas de moi, mais du Père qui m'a envoyé. Je vous ai dit ces choses tandis que je demeurais auprès de vous » (Jn 14, 23-25).

Lorsque Jésus va mourir, ses amis les plus chers sont regroupés autour de lui. Ils savent, eux aussi. La densité d'émotion est extrême. Il est temps pour Jésus de partager, avec ceux qui vont être ses témoins à travers le monde, le cœur de son message, ce qu'il y a de plus difficile à saisir pour un esprit humain. Jésus a partie liée avec le Dieu invisible du Sinaï. Bien plus, il ne fait qu'un avec Lui. Désormais, on ne peut plus dire que Dieu est trop obscur, trop abstrait. *« Celui qui M'a vu a vu le Père »* (Jn 14, 9). Lorsqu'il guérit les infirmes, lorsqu'il ouvre ses bras aux exclus, lorsqu'il pardonne, lorsqu'il réhabilite une prostituée, lorsqu'il pleure d'impuissance devant le désastre qui va s'abattre sur son peuple, lorsqu'il est *« saisi aux entrailles »* à la vue de ses deux amies dont le frère vient de mourir, lorsqu'il s'agenouille devant des pieds fatigués, Jésus révèle le Père. Sur la croix, c'est aussi le Père qui sera humilié, giflé, fouetté, couvert de crachats, cloué, écartelé « *comme un agneau que l'on mène à l'abattoir* ».

Quand l'Amour se fait homme, qui peut soupçonner le Créateur de ne pas respecter Sa créature ? Qui peut encore avoir peur de Lui ? Dieu est risque. Dieu est liberté. Dieu est tendresse. Il n'a aucune complicité avec ce qui abîme l'être humain. Ce qui porte atteinte à la dignité de l'homme porte atteinte à celle de l'Éternel.

L'énormité de l'événement, la mise à mort de l'Amour fait homme, donne la mesure de ce qui s'accomplit ce jour-là. « *C'est grâce à ses plaies que nous sommes guéris* » (Isaïe). Fallait-il que nous soyons précieux à Ses yeux pour que le médecin dût payer de sa mort notre guérison ?

Les apôtres éprouvent pour Jésus, au soir du dernier repas, l'amour de tout disciple envers son Maître. Jésus les fait entrer au bord du mystère, au seuil du grand secret. Qu'y avait-il avant le big bang ? Un amour éternel. L'Univers est né d'une profusion débordante de cette joie divine.

Cette nouvelle est stupéfiante, n'est-ce pas ?
Trop invraisemblable pour être crédible ?
Trop belle pour être vraie ?

« *Si vous m'aimez,* dit Jésus, *vous garderez ma parole* » (Jn 14, 23). Le « si » est précieux ! « *Si vous m'aimez.* » La réponse n'est pas acquise. Elle dépend de nous. Je peux aimer aujourd'hui et m'y refuser demain. Formidable enjeu de notre liberté ! C'est toi qui décides si Dieu a le droit d'être Dieu pour toi. D'un claquement de doigts, tu peux Le réduire au silence…, quitte à Lui en vouloir bientôt de ne pas te donner signe de vie.

« *Si tu m'aimes !* » Ce n'est pas l'intelligence seule qui ouvre les portes de la connaissance, c'est l'amour. L'Évangile n'est pas un document d'archives, ni un manuel de morale ni un recueil de sagesse. Il te parle si tu l'accueilles avec le sentiment d'urgence qu'éprouve l'amoureuse ouvrant une lettre de son bien-aimé. Jésus ressuscité, vivant, rêve de nous rejoindre, ici, maintenant. « *Si tu m'aimes, le Père et moi, nous viendrons en toi* », dans l'intime de ton cœur, si tu m'aimes, ne me cherche pas dans les nuages. Si tu m'aimes, tu sauras que Je suis plus proche de toi que la veine de ton cou.

« *Si tu m'aimes* », tu ne connaîtras plus jamais la solitude. Je t'enverrai un autre protecteur qui prendra ta défense devant tes accusateurs. Je t'enverrai un autre moi-même qui rendra ton cœur brûlant. Je t'enverrai un autre ami qui t'ouvrira à l'intelligence des Écritures. Le sens de ta vie te sera donné et tu crieras de joie. Tu ne viens pas du néant. Tu viens de l'Amour infini. Tu ne marches pas vers une tombe. Tu marches vers le Royaume de Dieu. Tu t'émerveilleras éternellement de voir s'épanouir les liens que tu as ébauchés sur cette terre. Personne ne meurt. La mort est morte. La chenille va renaître en fleur qui danse.

On a envie de crier comme Blaise Pascal : « Joie, joie, joie, pleurs de joie. »

Notre époque a dressé tant d'obstacles entre Dieu et nous. Elle nous a appris à nous passer de Lui. Elle a travesti Son visage. Elle a multiplié les amuse-gueules, les trompe-la-faim, pour faire oublier jusqu'au goût de l'éternité. Elle a multiplié les faux désirs pour éteindre la soif de la grande rencontre.

Comment T'aimerais-je, Seigneur ? Ce que j'entends sur Ton compte m'enlève tout désir de T'aimer. Est-ce Toi qui laisses mourir les petits enfants par la maladie, la faim ou la guerre ? Est-ce Toi qui fais couler les torrents de lave et de boue sur les pentes des volcans, détruisant les villages ? « Si Tu existes, j'espère que Tu as de bonnes excuses. »

Comment ne pas se détourner d'un absolu sans cœur ?

Comment, Seigneur, T'y prendras-Tu pour nous rejoindre ?

Comment ne pas rejeter ce dieu tour à tour implacable ou nounours en peluche ?

Comment se fait-il que nous ayons tant de mal à accueillir Celui qui nous dit :

« Je t'ai gravé sur la paume de Mes mains » (Is 49, 16)...

« Comme un jeune homme épouse une jeune fille, ton Créateur t'épousera » (Is 62, 5).

Saint Paul donne la signature messianique de Jésus lorsqu'il dit aux habitants de Corinthe : *« Je vous ai fiancés à un Époux unique pour vous présenter au Christ comme une jeune fille qui s'est réservée pour son mari »* (2 Co 11, 2).

Comme il T'en aura fallu du temps, mon Dieu, pour me montrer Ton visage de Tendresse !

La préhistoire de ma foi

> « Trop tard je t'ai aimée,
> beauté toujours ancienne
> et toujours nouvelle.
> Pourtant tu étais dedans,
> c'est moi qui étais dehors. »
>
> SAINT AUGUSTIN

Selon une parabole africaine, deux grenouilles tombèrent dans un grand bol de crème. L'une était défaitiste : « Je suis perdue, je suis perdue !... », criait-elle. Et elle mourut étouffée ! L'autre proclamait : « J'en sortirai, j'en sortirai... » Elle s'est tellement démenée, elle a tellement remué la crème qu'il y eut bientôt dans le bol le beurre d'un côté et le petit lait de l'autre. Alors elle a nagé dans le petit lait, s'est perchée sur la motte de beurre et a poussé son cri de victoire. Racontant un jour cette histoire à un groupe de jeunes lycéens, l'un d'eux a demandé : « C'est quoi, son cri de victoire ?... » Un autre a répondu vigoureusement : « Croa... » Tous ont entendu : « Crois ! »

Beaucoup aimeraient croire. Mais en quoi ? En qui ? Le Dieu de la Bible nous cherche, discrètement et passionnément. Imaginez le patriarche Jacob dans le désert. Il dort sous les étoiles, il rêve. Des anges descendent et repartent de la terre vers le ciel. Il y a un courant continu entre ciel et terre. Au réveil, ses premiers mots seront : *« Comme ce lieu est impressionnant ! C'est la maison de Dieu, c'est la porte du Ciel. Dieu était là et je ne le savais pas ! »* (Gn 28, 17.)

Notre vie peut se résumer à une longue série de rendez-vous avec notre Créateur. De bien des pages de notre histoire nous pourrions dire : *« Dieu était là et je ne le savais pas. »* Voici une petite parabole pour illustrer mes propos. Un jour, je reçois dans ma boîte à lettres une enveloppe que j'ouvre. À l'intérieur, une feuille entièrement blanche. Je la froisse et la jette au panier. Intrigué, je la ramasse et la déplie. Je tente un essai ; après avoir allumé le gaz, je passe délicatement la feuille à la chaleur de la flamme. Voilà qu'un poème superbe, écrit sans doute au citron, apparaît… Telle est notre vie ! Nous n'y comprenons rien, nous ne savons pas ce qui nous arrive. Il suffirait de porter cette feuille blanche de notre existence à la chaleur de la Parole sacrée pour que notre vie apparaisse comme une aventure débordante de sens.

L'Absolu qui éclaire nos destinées est à l'opposé de celui que j'avais imaginé étant enfant. On m'avait joué un mauvais tour. Lorsque j'ai eu dix ans, on m'a offert un livre : *La Grèce au temps des dieux.* Zeus prenait son fils Héphaïstos comme une fronde et il le lançait à travers la mer Égée. Ce livre était magnifique par la beauté de ses dessins, mais j'y découvrais une divinité terrible, impitoyable. La Tendresse infinie du Seigneur révélée dans la Première et la Nouvelle Alliance a mis du temps à m'apparaître.

« J'ai mis devant toi la mort et la vie. Choisis donc la vie ! » (Dt 30, 19.) C'est bien pour cela que nous sommes sur terre : choisir la vie. C'est tellement tentant de choisir la mort !

Cette injonction biblique est décisive. Notre vocation est de « donner son plein ».

Ézéchiel compare Yahvé à un jeune prince qui ramasse une petite fille sur le bord du chemin. Elle a été jetée dehors au moment de sa naissance. Il la porte contre son cœur et lui dit les paroles de l'amour : *« Tu vivras ! Tu t'épanouiras comme les fleurs des champs. »* Il l'adopte et s'occupe d'elle avec le plus grand soin. Il lui donne tout ce qu'il y a de plus beau. Elle grandit. Le prince Dieu lui déclare : *« Tu devins merveilleusement belle grâce à la splendeur dont je t'avais revêtue »* (Éz 16, 13, 14). Il lui offre son trône et son cœur. Cette petite fille, c'est Israël ; le prince, c'est Dieu. À travers Israël, André Chouraqui nous invite à voir chacun de nous. Je voudrais ne jamais regarder un visage sans penser à cette splendeur dont le Créateur l'a revêtu.

Le Grand Vivant invite l'homme à collaborer à Sa création. Il n'est pas un Dieu paternaliste, mais un Père qui nous ouvre une multitude de chantiers. Pendant quatre cents ans, le peuple hébreu a vécu en déportation, en Égypte. Yahvé ne bouge pas ! Est-Il indifférent ? Non ! Il cherche une courroie de transmission. Il attend Moïse. Aujourd'hui encore, Dieu cherche des Moïse.

Beaucoup se plaignent du silence de Dieu et lorsque le Seigneur les appelle, ils font la sourde oreille. Dieu ferait de grandes choses si chacun disait comme l'enfant Samuel : *« Me voici, Seigneur. Parle, ton serviteur écoute. »* Je pense à tous ces êtres avec lesquels Dieu agit dans la Bible. Abraham, malgré son âge, fait naître un peuple. À travers le petit Daniel (environ douze ans), voilà que Suzanne sera sauvée de la mort. (Deux magistrats voulaient coucher avec elle. Pour la punir de s'être refusée à eux, ils l'ont accusée d'adultère. L'enfant Daniel les a convaincus de mensonge.) Saül de Tarse diffuse la Bonne Nouvelle à travers toute la Méditerranée. Et, depuis vingt siècles, Dieu n'a jamais cessé de mobiliser les hommes. Ce ne sont pas seulement les saints du calendrier qui ont répondu : « Me voici », mais des multitudes anonymes.

L'Absolu n'est pas Celui que l'on imagine. Il n'est pas le Tout-Puissant incapable qui regarde les pauvres humains se débrouiller dans leurs problèmes et s'étriper dans leurs querelles. L'Éternel cherche l'homme. Dans cette quête passionnée, rien ne Le décourage.

*

Tout au long de la Bible, retentit le cri de Dieu : « Aime ! » Ce cri transfigure tout. La limaille dispersée se rassemble autour des pôles d'un aimant. Si l'amour occupe sa place, au centre, tout prend une signification.

Durant ma jeunesse, j'ai cherché Dieu jusqu'à ce que je m'aperçoive qu'Il me cherchait. Nous pourrions tous dire cela ! Il m'envoyait des signes. Aux moments où je Le croyais très loin ou absent, Il était là. Il était là dans les multiples splendeurs du monde et la beauté des visages. Je ne pouvais vivre qu'émerveillé.

Mon premier livre me fut offert pour mes cinq ans par ma grand-mère. Il se nommait *Jésus et moi*. Il y avait surtout des images. Sur la couverture, Jésus en tunique blanche avec une cape rouge tient sur ses genoux un enfant de mon âge. À l'intérieur du livre, Jésus est agenouillé près du grabat d'un petit enfant qui est sûrement blessé car il a un bandeau autour de la tête. Sur une autre page, Jésus est fixé sur une croix. Il a une auréole d'or derrière sa couronne d'épines. Quatre ou cinq petits anges volent tout près de lui. L'un d'eux pose un baiser sur sa joue. Plus loin, Jésus tient encore sur ses genoux le même petit garçon. Un bel écureuil assiste émerveillé à la scène.

Puis il y eut ma « première communion ». La crypte de la basilique Notre-Dame-du-Port à Clermont-Ferrand était un lieu magique. J'y retourne souvent pour me souvenir de cette première rencontre. « Je suis plus que le roi puisque la reine m'aime ! », disait Ruy Blas. Qui étais-je donc pour que Dieu me rendît visite ?

Ce fragile morceau de pain par lequel l'Infini venait à moi n'avait rien de terrifiant. Ce visage de Dieu était celui de l'humilité.

Des expériences religieuses me furent offertes dans le cadre du scoutisme. À chaque sortie, nos cheftaines nous proposaient une halte de prières et de chants dans une chapelle. Après une journée riche en aventures, c'était le temps de l'action de grâces. Il en fut ainsi, plus tard, chaque soir durant nos camps d'été. Au dernier moment de la veillée, lorsque le feu n'était plus que braises, nous chantions un cantique :

> « Avant d'aller dormir sous les étoiles,
> doux Maître, humblement à genoux
> Tes fils T'offrent leur cœur sans voiles ;
> Si nous avons péché, pardonne-nous... »

Ensuite, sous les tentes, le silence s'imposait.

Durant la nuit du jeudi saint au vendredi saint, qui donc avait eu la bonne idée de nous faire veiller la nuit, à tour de rôle, pendant une heure devant le Tabernacle ? Heureux ceux auxquels fut offerte cette expérience de silence et de méditation. Ils ne l'oublieront jamais.

En ce temps-là, je rendais une visite régulière à deux prêtres. Ces hommes n'étaient pas des adultes comme les autres. Ils n'étaient pas des « profs ». Les professeurs ne s'intéressaient qu'à leur « matière à enseigner ». Eux, ils s'intéressaient d'abord à nous. Ils n'étaient pas des parents non plus auxquels auraient pu nous lier des dépendances affectives. Ils étaient des confidents et des sourciers.

Pour mon « épreuve religieuse » (sorte de « badge »), j'avais à raconter la vie d'un saint. Je résumai avec beaucoup d'émotion la vie d'un missionnaire. Sa photo sur la couverture du livre était impressionnante. Il avait contracté la lèpre en s'approchant trop de ses paroissiens, lépreux d'une île du Pacifique. J'étais alité pour un mois avec une scarlatine féroce. N'était-il pas inévitable que je m'identifie aux lépreux du père Damien de Veuster ? L'idée d'être missionnaire m'obséda. Je fis tant et si bien pour la chasser que je délaissai quelque temps tout souci religieux. Mais Dieu ne nous lâche pas comme cela ! Si nous Le chassons par la porte, Il risque bien de revenir par la fenêtre ou par un soupirail.

Deux années de philosophie déclenchèrent en moi une avidité de connaissances et un questionnement permanent. Le cancre que j'étais nageait dans la philosophie comme un poisson dans l'océan. Les seuls penseurs qui me furent présentés avec quelque ferveur furent des athées. Nietzsche, Marx, Freud, Sartre, Rostand, Merleau-Ponty, Camus et quelques autres définissaient l'horizon indépassable de la pensée. À les lire, j'éprouvais une sorte de vertige. Personne n'avait cherché le sens de la vie autant que mes auteurs préférés. Leur verdict concernant la religion était accablant ! J'avais fini par épouser leurs visions du monde. Je ne réalisais pas que leur rejet ne s'adressait qu'à une caricature. Hélas ! cette caricature avait tout de même été proposée par l'Église en certains de ses représentants célèbres. Je pense à un sermon de Louis Bourdaloue : « Les pécheurs ne veulent pas reconnaître Dieu comme Père, ils seront forcés un jour de Le reconnaître comme Juge. »

La plupart de mes amis ont tourné le dos à la foi de leur enfance. Leurs réflexions n'étaient pas plus tendres que celles des philosophes athées. « Pourquoi as-Tu créé un monde aussi infect ? »

L'athéisme avait à mes yeux davantage de noblesse que la religion. L'idée que la Foi puisse être une fuite du réel, une belle illusion, un beau rêve, me semblait solidement étayée.

Les catastrophes naturelles ajoutées aux horreurs récentes de la guerre semblaient être la signature d'un démiurge fou. L'Histoire n'était qu'une succession de massacres. Si Dieu avait créé l'homme à Son image, alors Dieu était sadique.

J'allais devenir comme un torrent privé de sa source. Un vide se creusait en moi : la trace d'une absence. Je me flattais parfois d'être athée. Si Dieu n'existait pas, la culpabilité n'avait pas de raison d'être. Il n'y avait plus de péché. L'œil qui poursuivait Caïn dans la tombe n'était qu'un simple cauchemar.

Je cherchais Dieu, pour ne pas mourir. Mais quel Dieu ? « L'éternel célibataire des mondes » de Chateaubriand ? Très peu pour moi. « L'invertébré gazeux » de Nietzsche ? Encore moins. Le « voleur des énergies humaines » de Rimbaud ? Ah ! Non ! La cerise sur le gâteau du dimanche ? Le Dieu père Noël ? Non plus. Le Dieu vengeur ? Le Dieu terrible ? Ils ne m'intéressaient pas. Je laissais à d'autres le dieu des astrologues et des énergies subtiles. Alors, quel Dieu ?

Dans *Pensées d'un biologiste* de Jean Rostand, je lisais ceci : « L'homme est un miracle sans intérêt. L'affreux quand on meurt, c'est de disparaître sans avoir rien compris. Un Dieu ? Je n'en demande pas tant, mais seulement que nous ne soyons pas un morceau de boue un peu plus compliqué, que l'esprit ne soit pas une vaine prouesse de la matière, qu'il y ait peut-être une sorte de vague quelque chose. N'y a-t-il rien entre l'horreur et les contes de fées ? Nulle part l'homme ne trouve un écho à ses exigences spirituelles. Le monde qui l'entoure ne lui propose que le spectacle d'un morne et stérile charnier où éclatent le triomphe de la force brute, l'indifférence aux individus, à la vie. Ceux qui croient en Dieu y pensent-ils aussi passionnément que nous, qui n'y croyons pas, pensons à son absence ? »

*

Je fus embauché à dix-huit ans dans un centre qui accueillait des jeunes ayant commis des délits. Vivre avec des délinquants et essayer de soulager leur détresse et leur solitude me montrait Dieu en creux. Dieu était là dans le « Aimez-moi ou je meurs » des déprimés. Il était là dans le « Aimez-moi ou je mords » des violents. C'était toujours l'amour qui manquait. L'amour est, je le crois de toutes mes forces, l'autre nom de Dieu.

Je suis parti ensuite dans un hôpital d'Afrique comme infirmier. Je retrouvais toujours la même quête, le même désir. Des malades guérissaient quand on les aimait. D'autres se laissaient mourir parce qu'un être cher les délaissait. Là encore, l'amour était une question de vie ou de mort.

En Afrique, Dieu était inévitable, incontournable. La première chose que j'ai vue de l'Afrique fut un graffiti sur un mur de Dakar : « Les Toubabs (les Blancs) sont très fiers d'avoir inventé l'avion, mais ils n'ont pas inventé Dieu. » J'ai fréquenté les animistes (le dieu de la vie), les musulmans (le Dieu qui fait de l'homme son calife sur la terre). Parfois il m'arrivait de parler de religion avec un garçon de mon âge (vingt et un ans). À un moment, il me disait : « Excuse-moi, je te laisse, je vais prier. » Il sortait alors de son armoire un petit tapis. Pendant un quart d'heure, sous mes yeux ébahis, il priait. Voir quelqu'un qui prie, c'est déjà être en relation avec Dieu. Et puis il y eut le Dieu chrétien, au visage d'amour, à travers les pères blancs. Je voyais bien qu'ils cherchaient à aider l'homme africain à trouver son identité et sa grandeur.

J'étais comme une locomotive dont le foyer est éteint et qui roule sur sa lancée. L'absence de Dieu entraînait peu à peu avec elle le « désenchantement du monde ».

Saint-Exupéry, qui venait à peine de quitter notre planète Terre, me permit de trouver une issue. Pour tout bagage, j'avais emporté en Afrique ma guitare et *Citadelle*, livre de l'écrivain-pilote, offert par mon aumônier devenu un ami. Ce livre regorgeait d'allusions à Dieu. Il me faut absolument en rassembler quelques-unes ici. Impossible autrement de faire partager l'émotion spirituelle qui me traversa à cette lecture. Saint-Exupéry donne sa vision du monde par les paroles de sagesse d'un chef d'empire dans le désert.

« Dieu te fait naître, te fait grandir, te remplit successivement de désirs, de regrets, de joies et de souffrances, de colères et de pardons, puis Il te rentre en Lui. »

« Le regard, quand il se disperse, perd la vision de Dieu. »

« Je suis le bac qui a reçu de Dieu une génération en gage et la passe d'une rive à l'autre. »

« Celui-là n'habite point le même univers qui habite ou non le Royaume de Dieu. »

« Je détiens le pouvoir, moi l'architecte, de changer les pierres en silence... Je pétris cette pâte qui n'est que matière, selon l'image créatrice qui me vient de Dieu seul. »

« Quand la foi s'éteint, c'est Dieu qui meurt et qui Se montre désormais inutile. Quand leur ferveur s'épuise, c'est l'empire qui se décompose, car il est fait de leur ferveur. »

« Bâtir la paix, c'est obtenir de Dieu qu'Il prête Son manteau de berger pour recevoir les hommes dans toute l'étendue de leurs désirs. »

« J'étais comme défait et provisoire, comme un homme qui s'est dévêtu. J'avais perdu le nœud divin qui noue les choses, car Dieu est pour le marin la signification de la mer et pour l'époux, signification de l'amour, mais parfois ils perdent ce nœud divin et ils s'occupent dans l'ennui. Et je connus l'ennui, qui est d'abord d'être privé de Dieu. »

Je méditais chaque jour quelques pages de ce livre à la lueur d'une lampe-tempête. Un petit réduit de l'hôpital de Bobo-Dioulasso me servait de chambre. Ces lectures enfonçaient dans mon esprit une exigence incontournable : « Il convient de convertir l'homme à sa propre grandeur. » Je pourrais encore noter ici bien d'autres phrases qui ont exercé sur moi une influence séminale.

« Tu reconnais ta vocation à ce qu'elle pèse en toi. » « Voilà la vérité de l'homme ; il n'existe que par son âme. À la tête de ma cité, j'installerai des poètes et des prêtres. Et ils feront s'épanouir le cœur des hommes. »

Ces paroles revenaient sans cesse dans ma tête. Je ne parvenais pas à les chasser. Par le détour de l'écrivain-aviateur, l'idée du sacerdoce me poursuivait.

Saint-Exupéry avait le don, par tous ses écrits, d'éveiller en moi « l'archange qui dort sur son fumier ». Peut-être avait-il emprunté cette image obsédante à Nietzsche pour qui c'est le « surhumain » qui est précieux dans l'homme ! Saint-Exupéry avait dit de Nietzsche : « J'aime ce type immensément ! » Saint-Exupéry me donnait l'envie d'être, dans son sillage, sous son influence, sourcier, accoucheur d'âmes. Je travaillais parfois en salle d'accouchement. Il arrivait que l'on extraie d'une femme exténuée un petit être déjà mort. Alors me parlait singulièrement un propos de mon maître à penser : « Il est des âmes avortées. La voix de Dieu, elles ont renoncé à l'entendre. »

Dans quelle profession peut-on contribuer à susciter l'éveil spirituel ? Comment aider une personne à exister grandeur nature ? Avons-nous fait l'inventaire de tout ce qui peut dénaturer un être humain ? La parabole du Dr Jeckyll et de Mr Hyde me parlait clairement. Déjà j'avais ressenti, au sujet de plusieurs êtres qui m'étaient chers, la chute de leur noblesse intérieure. Les délinquants du Centre d'accueil et d'observation de Royat n'étaient-ils pas à mes yeux la figure la plus parlante de la fragilité humaine et du délabrement dans lequel un homme peut tomber ? Mon amie Agnès, géniale et désespérée, n'était-elle pas l'image d'un avortement spirituel ? Qui donc avait ainsi « éteint » des êtres tellement lumineux ? Et en moi-même, est-ce que je n'avais pas expérimenté une chute vers la médiocrité ? Il suffisait de si peu. Une main qui ne vous est pas tendue, une parole qui ne vous est pas dite, un sourire qui ne vous est pas donné, un livre qui ne vous est pas prêté.

Je rentre en France. J'ai vingt-deux ans. Ma sœur me montre un tract qui annonçait un camp de jeunes de vingt à vingt-cinq ans, en montagne. Une belle photo de lac accompagnait un texte : « Tu veux connaître la joie des cimes, l'amitié, le partage des veillées ? Tu veux essayer de connaître le sens de ta vie ? Viens ! » Ma sœur me dit : « Tu sais, il y a des filles ! » De toutes les créatures de Dieu, c'est bien celles-là qui me paraissaient les plus désirables. Au lieu de rencontrer une jeune fille, je me cogne sur le père Philippe Maillard ! J'en ressens encore le choc.

Le Christ, dont Philippe Maillard parlait comme personne, n'était pas tout à fait celui de mon enfance. Un ami psychiatre résume les mêmes impressions que les miennes à cette époque : « La religion catholique n'a pas été nourrissante pour moi. Elle ne s'est pas adressée à mon désir, à ma faim, elle fonctionnait dans les zones périphériques des êtres : le devoir, le savoir, le pouvoir. Il me semblait que ce qui était du domaine religieux était renfermé, rigide, pré-formé, pré-joué, pré-digéré, pré-pensé, pré-senti par un autre. Aucun doute vivant, aucune foi jaillissante, aucun élan dérangeant, aucun illogisme enfantin, aucune beauté ne venait me dire que le Dieu de ces gens-là était vivant, désirant, gracieux, nourrissant, enivrant comme du pain et du vin, ardent comme un berger ou comme un fiancé » (Yves Prigent, *L'Expérience dépressive*).

Pour nous, il ne s'agit pas tant de chercher Dieu, mais plutôt de nous laisser trouver. Si on Le cherche trop, on risque de L'inventer. Les dieux que l'on crée sont à l'eau de rose ou terrifiants ! Nous colorons l'Absolu à l'image de nos besoins et de nos névroses. En a-t-on fabriqué, des dieux ! En a-t-on fait couler, des larmes et du sang, au nom des dieux inventés !

La personnalité de Jésus m'apparaissait de plus en plus clairement. Ses paroles étaient chargées de poésie. La poésie, voilà bien ce que je préférais au monde. « *Si quelqu'un a soif,* disait Jésus, *Qu'il vienne à moi. Qu'il boive, celui qui croit en moi. Selon le mot des Écritures, son cœur fera jaillir des sources* » (Jn 7, 37). Cette fois, je le tenais, le Bien-Aimé du Cantique des Cantiques !

« *Je me tiens à ta porte et je frappe. Si tu m'ouvres, j'entrerai* » (Ap 3, 20). « *Si tu m'ouvres.* » Le mot « si » n'a pas fini de m'impressionner. Le créateur des myriades de galaxies viendrait donc mendier la réponse d'une créature égarée sur une planète dérisoire ?

Je me disais : « S'il frappe à ma porte, j'essaierai de lui ouvrir et je ne le lâcherai pas. »

Certains prétendent que Dieu est trop « macho » dans la Bible. C'est faux ! Celui qu'on appelle le Père est surtout une Mère. Son nom hébreu l'indique : *Rahamim,* Plénitude de maternités. Jésus aimait comme nous respirons. L'amour, c'était son Souffle, son Souffle saint, son Esprit saint. (Le nom hébreu de l'esprit est *Ruah*, encore un mot au féminin !) Son message tournait autour d'un même refrain : vous qui croyez à l'amour malgré tous les démentis, toutes les brouilles, malgré les horreurs, malgré votre lâcheté, vous avez raison. L'amour a les promesses de la vie éternelle. Vous marchez vers un Royaume où il n'y aura plus que de l'amour. Le reste n'aura servi qu'à sa naissance.

Ce chant faisait battre mon cœur.

Éric-Emmanuel Schmitt, dans une pièce intitulée *Le Visiteur,* fait parler un ange de Dieu. Cela se passe à Vienne, en 1938 : « Ce siècle sera le siècle de toutes les pestes. Peste rouge, peste brune... Il y aura d'autres pestes, mais à l'origine le même virus, celui qui t'empêche de croire en moi, Sigmund : l'orgueil ! Jamais l'orgueil n'aura été aussi loin. Il fut un temps où l'orgueil humain se contentait de défier Dieu, aujourd'hui il Le remplace. Il y a une part divine en l'homme, mais elle lui permet de nier Dieu... Le monde n'est que le produit du hasard, un entêtement des molécules, et, dans l'absence de tout maître, c'est vous qui légiférez. Être le maître, jamais cette folie ne vous prendra le front comme en ce siècle. Maître de la nature, et vous souillerez la terre et noircirez les nuages. Maître de la matière, et vous ferez trembler le monde... Maître de la vie, et vous choisirez vos enfants sur catalogue... Au début, vous vous féliciterez d'avoir tué Dieu, mais un jeune homme, un soir de doute comme cet âge en connaît, demandera aux hommes autour de lui : "S'il vous plaît, quel est le sens de la vie ?" Personne ne saura lui répondre. »

J'ai hésité sept ans avant de me laisser embarquer vers le sacerdoce. Le parcours fut déroutant[1]. Avec un recul de plus de quarante années, il semble qu'il m'ait manqué un enracinement dans un ordre religieux. Pourquoi la longueur de la formation m'a-t-elle dissuadé de frapper à la porte des Jésuites ? Douze années n'auraient pas été du luxe étant donné l'ampleur de la mission qui m'attendait !

J'ai tenté ma chance chez les Dominicains. Malgré une estime sans bornes pour mon père-maître, je dois avouer que ses causeries spirituelles tendaient à faire de nous des as de la liturgie plutôt que des contemplatifs. C'était une autre époque ! On ne peut pas changer le calendrier de notre environnement culturel.

Je prie pour la naissance d'un ordre religieux dans lequel la formation comporterait autant de vie intérieure et de témoignages que d'études livresques. Écouter des témoins et méditer les signes de la présence de Dieu qu'ils sont aujourd'hui, voilà qui peut contribuer à la métamorphose d'un jeune homme en apôtre. C'est devenu possible grâce aux cassettes vidéo ! J'ai eu souvent l'impression qu'un jeune homme de vingt-cinq ans peut être prêt à aller dix fois au martyre pour le Christ. Les jeunes sont porteurs d'une générosité inouïe.

Les gens font la queue chez les cartomanciennes. Ils se précipitent vers des sessions de massages, de thérapies de groupes, de psychogénéalogie, de gestion du

1. *Dieu écrit droit avec des lignes courbes*, Presses de la Renaissance, 1999.

stress, de yoga... Si nous les interrogeons, ils nous disent que leur Église les a déçus. La connaissance des moyens pour une maîtrise de leurs émotions n'avait pas été assez clairement proposée. Ils n'ont pas trouvé tel ou tel petit ingrédient qui aurait tout changé. Pour l'un c'était la chaleur humaine, pour l'autre l'engagement en faveur des plus souffrants, pour un autre le silence ou la place du corps dans l'expérience spirituelle, ou encore les clés de l'âme humaine.

« L'Église est une vaste bergerie avec du foin à la hauteur de tous les museaux », me disait Gustave Thibon lors d'une retraite que nous animions ensemble. Je voyais beaucoup de moutons affamés partir vers d'autres bergeries… Le foin serait-il de moins bonne qualité chez nous ? Est-ce nous, pauvres bergers pas plus malins que les douze premiers apôtres, qui n'avons pas assez d'amour au cœur ni assez de sagesse ?

« Il en établit douze, pour être avec lui. » Peut-être est-ce seulement cela qui nous manque ? Si nous ne demeurons pas chaque jour près de Lui, comme un ami avec son ami…, à quoi bon rêver de faire connaître Celui que nous ne connaissons pas ?

Sacerdoce, une histoire d'amour

« Ce n'est pas vous qui m'avez choisi, mais c'est moi qui vous ai choisis. »

JEAN 15,16

« Pourquoi avoir tout quitté ? Pourquoi avoir tourné le dos à un métier apprécié, à une fiancée bien-aimée ? » Plus de cent fois j'ai entendu cette question dans les lycées et les facultés !

Des milliers de prêtres et de religieuses seraient aussi embarrassés que moi pour répondre. Ils diraient peut-être combien Dieu est beau, combien Il rassasie nos aspirations les plus fortes. *« Tu m'as séduit et je me suis laissé séduire »*, déclare le prophète Jérémie (Jr 20, 7).

Est-ce Dieu qui exigeait de renoncer à une autre histoire d'amour, plus visible, plus tangible ? Je n'en sais rien. À l'époque où le renoncement s'imposa, seuls les prêtres pouvaient être « envoyés » porter la Bonne Nouvelle. Je n'avais pas le choix. Le célibat était une condition comme d'avoir dix aux deux yeux pour être admis au pilotage d'un avion de ligne ou d'un sous-marin.

L'amour humain a joué un rôle décisif dans ma fascination pour Dieu. C'est Dieu qui avait créé cette merveille, plus étonnante que toutes les splendeurs de Sa création réunies. À travers l'amour humain, Dieu n'offrait-Il pas la glorification la plus extrême de la vie ?

Ma première prise de parole au séminaire évoque mon enthousiasme à la pensée d'avoir eu à accomplir un geste aussi fou. Le renoncement à une vie de famille signifiait notre don total à Dieu.

Aujourd'hui nous sommes devenus des « clercs », c'est-à-dire « la part de Dieu ». Nous sommes entrés dans la famille de ceux qui sont chargés de transmettre aux hommes la lumière de l'Amour et de dépister les ruses de l'adversaire. Notre vie, désormais, sera illuminée par cet amour exceptionnel.

Nous avons été « choisis ». Nous n'y sommes pour rien. Nous trouverons là, tous les jours de notre vie, une source inépuisable de joie. Ce choix repose sur l'Amour déconcertant de Dieu. Nous n'avons pas, comme dans l'amour humain, une crainte à l'égard de ce qui aurait été à l'origine de la préférence. Dieu ne Se découragera jamais de nous.

« D'un amour éternel, Je t'ai aimé, c'est pourquoi Je t'ai attiré. » Nous pouvons redire sans cesse : « Que le Nom du Seigneur soit béni maintenant et à jamais. »

« À l'amour, on ne peut répondre que par l'amour », disait la petite Thérèse. Puisque Dieu nous a choisis pour être « Sa part », nous Le choisissons pour être

« notre part ». Puisque, désormais, nous sommes tout pour Lui, qu'Il soit Tout pour nous !

Ce que nous ne pouvons avoir en commun avec Lui, considérons-le comme « rien ». *« Là où est ton trésor, là aussi sera ton cœur »* (Mt 6, 31).

Il ne s'agit pas de dénigrer les valeurs de la création ou de l'amour humain ; tout cela est un magnifique reflet de la Vie divine. C'est un chemin pour revenir à Lui. Mais le Seigneur nous aime tant qu'Il désire que nous quittions tout pour être davantage à Lui seul…

*

« J'ai compris qui était Dieu en devenant père » (Balzac). J'imagine facilement combien cette parole est profonde et vraie. J'ai compris quant à moi qui était Dieu en vivant un grand amour humain.

Être conduit par la force des choses à le sacrifier fut une autre révélation. Car Jésus-Christ s'était privé du lien qui l'attachait à Celui qu'il nomme *Abba*, ce mot le plus intime de la langue hébraïque. S'il y a une folie, un chèque en blanc dans l'engagement au célibat et la solitude qu'il implique, Jésus a commis la même folie pour nous. Pour ceux qui ont mal d'être seuls, cela « valait la peine » d'avoir mal avec eux. Une bien-aimée n'était pas partageable. Dieu, Lui, est partageable. Plus je L'aime, plus grandit le nombre de ceux qui ont envie de L'aimer !

« Je vous ai fiancés au Christ
comme à un époux unique. »
(2 Co 11, 2.)

Après l'ordination, ce fut cent fois plus dur que tout ce que je pouvais redouter. La force d'inertie devant la beauté de ce que l'on rêve de transmettre défie toute imagination.

« Ce qu'on fait de vous, hommes, femmes,
Ô pierres tendres, tôt usées,
Et vos apparences brisées !
Vous regarder m'arrache l'âme…

J'aurais tant voulu vous aider,
Vous qui semblez d'autres moi-même,
Mais les mots qu'au vent noir je sème,
Qui sait si vous les entendez ?

Tout se perd et rien ne vous touche,
Ni mes paroles ni mes mains,
Et vous passez votre chemin
Sans savoir ce que dit ma bouche. »

Aragon

« Si j'étais un saint, peut-être mon regard sur Dieu serait-il plus limpide ! Ils seraient touchés par un cœur plus épris de Dieu. » Voilà ce que l'on se dit bien souvent ! Et on a mal, très mal, de n'être pas plus transparent, plus amoureux.

La générosité, la prière, le témoignage de notre joie semblent ne pas suffire. Toute parole sur Dieu paraît suspecte. « Chat échaudé craint l'eau froide. » Oui, c'est bien cela ! Ils ont été trop déçus dans leurs attentes.

De plus, nous nous adressons à des personnes dont les systèmes de pensée ne captent plus la dimension spirituelle. Il en est qui cherchent Dieu comme un objet. « À quoi ça sert ? » disent-ils, comme s'il s'agissait d'un ustensile trouvé à l'occasion d'une fouille archéologique. Celui qui s'est brûlé croit à l'existence du feu. Celui qui a connu l'extase amoureuse croit à la magie de l'amour. « C'est à partir de toi que j'ai dit oui au monde. »

Nous projetons des idées, des mots, des schémas là où le silence, l'expérience et l'extase conviendraient mieux. *« Heureux les cœurs transparents, ils verront Dieu »* (Mt 5, 8). Quel filtrage il faudrait pour lire les Évangiles avec un cœur purifié ! Les mots, les images, les paraboles sont codés. Seuls les saints peuvent lire la Parole divine sans la dévier de son sens. Thérèse de Lisieux, déclarée docteur de l'Église, met toujours l'accent sur la plus grande tendresse, qui n'exclut pas la netteté du diamant et la plus forte exigence.

Le *New Age* nous propose le mot « perfection » à la place du mot Dieu. Mais la « perfection » n'est pas « Quelqu'un ». La perfection ne choisit pas, ne désire pas, n'a pas de projets.

Thérèse de Lisieux, à dix-neuf ans, découvre un Dieu qui la désire. « J'agissais envers Lui comme un enfant qui se croit tout permis et regarde les trésors de son père comme les siens. En disant : “Donne-moi à boire !”, c'était l'amour de sa pauvre créature que le Christ de l'Univers réclamait. »

II

CHERCHEURS DE SENS

Vos fils et vos filles seront « prophètes »

> « Il n'est sans doute pas de ténèbres plus épaisses que celles qui s'insinuent dans l'âme des jeunes lorsque de faux prophètes éteignent en eux la lumière de la foi, de l'espérance et de l'amour. La tromperie la plus grande, la source la plus importante de malheur consistent dans l'illusion de trouver la vie en se passant de Dieu. »
>
> JEAN-PAUL II, JMJ 2002

Je voudrais rendre grâce pour l'appel reçu il y a quarante ans. Mon bonheur, ma chance, mon privilège auront été de passer les trois quarts de ma vie avec des jeunes. Je me suis émerveillé de leur authenticité. J'ai ri de leurs rires. J'ai pleuré de leurs larmes. J'ai rêvé de leurs rêves. J'ai été bousculé par leurs révoltes. Je me suis laissé interroger par leurs questionnements.

Il me semble qu'il n'y a pas au monde de tâche plus vitale et plus urgente que d'éveiller de jeunes âmes à leur dimension spirituelle.

Jamais je n'ai pu me fatiguer de cette « planète des jeunes ». Pendant quarante ans de sacerdoce, je les ai contemplés comme de fabuleux cadeaux pour le monde. Je les ai regardés se découvrir, s'inventer, choisir leurs modèles et leurs repères, chercher leurs marques, guetter les dangers. Je les ai trouvés déroutants, imprévisibles, généreux, magnifiques *« grâce à la splendeur dont Dieu les a revêtus »* (Éz 16, 14).

Ils sont dans cette étape décisive de leur vie où ils ont à choisir le sens qu'ils veulent lui donner. Certains vont peut-être s'enfoncer dans le vertige des faux bonheurs. D'autres s'ouvrent aux rêves de Dieu sur eux.

N'est-ce pas durant notre jeunesse que se disent les premiers « oui » et les premiers « non » à la vie de l'Esprit ? Invité dans quatre ou cinq lycées différents chaque mois à travers la planète, c'est toujours la même doléance que j'entends, la même protestation. Parmi les centaines de questions, la plupart portent sur le mal et la souffrance.

« Pourquoi ce nouveau-né handicapé à vie ?
Pourquoi ce jeune lycéen qui se suicide ?
Pourquoi cette inondation, ce tremblement de terre, cette éruption volcanique, cet accident ?
Pourquoi les camps de concentration ? »

Élie Wiesel, juif rescapé des camps, a écrit une lettre à Dieu. En voici quelques phrases : « Auschwitz avait comme but, non seulement de nous détruire, mais de Te détruire, Toi, le père de l'Humanité. Pourquoi alors ne pas songer en même temps à Ton chagrin ? Regardant Tes enfants souffrir, n'as-Tu pas souffert comme eux, voire, avec eux ? »

Aucune parole n'est à la démesure de certaines souffrances. Mais nous pouvons nous délivrer d'un Dieu indifférent ou malveillant, en sachant qu'Il n'a aucune complicité avec le mal et qu'Il souffre avec nous.

Notre Créateur est si peu indifférent qu'Il ne cesse de nous mobiliser, de solliciter nos générosités pour diminuer la part de malheur. *« Sauve Mon peuple »,* demande-t-Il à Moïse. « Sauve cette femme qui va être lynchée », demande-t-Il au jeune Daniel. « Sauve Mon Église », demande-t-Il à François d'Assise. « Sauve Ma planète », demande-t-Il à chacun de nous aujourd'hui.

Chaque homme, chaque femme est envoyé en mission pour le monde. Les talents que le Créateur nous a confiés ne sont pas pour nous. Ce sont des cadeaux faits à l'humanité pour réduire l'ampleur des désastres ou pour secourir les victimes.

Jean-Paul II écrivait aux jeunes, en 1985 : « Vous vous posez la question : “Réussirons-nous à changer ce monde ? Que devons-nous faire pour ne pas être écrasés par l'injustice, le mépris de l'homme ?” » Il lançait ce jour-là une mobilisation générale : « Ne soyez pas passifs… C'est de vous que dépend l'avenir. »

Je rencontre entre deux cents et cinq cents jeunes par semaine. Parmi les questions que je leur pose, il en est une qui me vaut des réponses étonnantes. « Si tu es croyant, qu'attends-tu de Dieu ? Que peut-Il attendre de toi ? » La moitié répondent : « Je n'en sais rien. » Un grand nombre attend de Dieu qu'Il effectue Lui-même, à notre place, nos tâches humaines, qu'Il prenne nos responsabilités. Si le Seigneur exauçait leur demande, nous serions tous au chômage. Ils renvoient à Dieu les travaux que Dieu nous a confiés !

Pour eux, c'est au Créateur de trouver une solution à la famine. Les maladies, c'est Son affaire. La guerre, c'est à Lui de l'empêcher ou d'y mettre un terme : « J'attends de Dieu qu'Il répare la couche d'ozone », écrivait un jeune de terminale. Il pensait sans doute que Dieu étant sur place, ce serait plus commode !

Beaucoup font un procès à l'Éternel. Ils L'accusent de non-assistance à créature en danger ! Ils écrivent : « On se demande s'Il existe vraiment car, à regarder l'état de ce monde, Sa présence ne se voit pas beaucoup » ; « Depuis la mort de ma mère, j'ai compris qu'Il n'existait pas... ».

On se souvient des contes de fées où des marraines changent allègrement les citrouilles en carrosses, les souris en chevaux d'attelage, les torchons en robes de bal ! Nous voudrions un Tout-Puissant magicien ? Eh bien, soit ! Mais la baguette magique choisie par l'enchanteur, c'est nous !

Lorsque je leur dis cela, beaucoup se dérobent comme le jeune homme riche de l'Évangile. Certains ont peur qu'en se prêtant à Dieu, ils finissent un jour par se donner. D'autres découvrent avec émerveillement le sens de leur vie. Il y a deux mille ans, au bord du lac de Tibériade, il a suffi de douze « oui » pour que le monde bascule !

Est-ce donc si difficile de comprendre que la cause de nos malheurs n'est pas dans une indifférence venue de l'Éternel, mais dans une passivité venue des hommes ? « Tu as vu ces choses et Tu les as permises, je ne Te comprends pas », dit l'homme à son Seigneur, comme pour ne pas entendre que Dieu justement ne cesse de lui tenir les mêmes reproches !

Le Créateur aurait-Il pu inventer un monde où les hommes sauraient découvrir l'urgence de la solidarité, l'enjeu de l'amour et où en même temps ce serait Lui, Dieu, qui supprimerait cette urgence en réparant Lui-même nos manques par des miracles ?

Lorsqu'on m'invite dans les lycées et les facultés, des questions fusent par centaines, presque toujours autour de l'essentiel : « Pourquoi êtes-vous croyant ? » « Pourquoi le Christ plutôt que Bouddha ou Mahomet ? », « Pourquoi est-on sur terre ? », « Qu'y a-t-il après la mort ? »

De Paris à Montréal, de Bruxelles à Lausanne, de Port-au-Prince à Nouméa, de Bafang à Port-Louis, d'Europe centrale aux États-Unis, partout j'ai retrouvé une faim de sens : « Qu'est-ce que c'est, ce cadeau de la vie ? », « À quoi rime l'existence ? »

Je rentre de l'île Rodrigues dans l'océan Indien. Il n'y a là que trente-sept mille habitants. Je garderai longtemps dans mon cœur ces regards magnifiques d'attente et de curiosité d'une centaine d'élèves de terminale. Ils n'ont pas encore été pollués par nos émissions de télévision ravageuses d'espérance. Ils n'entrent pas en polémique dès qu'on parle de religion. Dieu compte pour eux. Peu après je me rendis dans un lycée catholique parisien pour rencontrer le même nombre d'élèves de terminale. Visages agressifs, paroles cinglantes : « On n'en a rien à foutre de votre religion »,

« Vous n'avez pas honte d'appartenir à une Église qui a fait tant de dégâts ? »

Face à la vie spirituelle, les jeunes d'Occident sont devant une terre inconnue. Leurs parents ne leur ont guère laissé d'héritage. Cette génération d'adultes a vécu pourtant un sursaut de l'âme. Souvenez-vous, c'était il y a plus de trente ans, au cours du mois de mai 1968. Le pape de l'époque, Paul VI, avait dit à ce sujet : « La jeunesse n'est-elle pas passionnée d'authenticité ? Elle se rebelle contre l'hypocrisie conventionnelle. Dans la réaction déchaînée des jeunes contre le bien-être, contre l'ordre bureaucratique, n'y aurait-il pas une intolérance à la médiocrité psychologique, morale, spirituelle ? » La violence et les revendications terre-à-terre qui ont accompagné les événements ont-elles définitivement étouffé cette révolte de l'esprit ?

Vous souvenez-vous de ces graffiti dans Paris : « Nous refusons ce monde où la certitude de ne pas mourir de faim se paie par le risque de mourir d'ennui » ; « Nous ne sommes pas contre les vieux, mais contre ce qui les a fait vieillir » ? J'ai même lu : « Que sert à l'homme de gagner l'univers s'il y perd son âme ? »

Des sessions qui promettent de régénérer nos énergies se multiplient et affichent « complet ». Les mystiques de contrebande ne donnent pas à l'homme sa dimension d'enfant de Dieu et dérivent parfois dans le flou et la folie sectaire. Comment pourrait-on laisser la Parole de Dieu dormir sous un napperon de sacristie, alors qu'elle contient les promesses de la vie éternelle ?

En août 1997, à Longchamp, puis récemment à Toronto, les jeunes ont montré qu'il n'y avait pas de limite d'âge pour renflouer leur espérance. Un pape ayant épuisé toutes ses forces, à bout de souffle, fut capable de les réveiller !

Je voudrais redire aux jeunes ce qui m'obsède. Vous êtes dans une période charnière de votre existence. Vous donnez forme à votre avenir. Ne gâchez pas les années de votre jeunesse. Si vous saviez combien le monde en a besoin ! C'est pendant leur jeunesse que les grands témoins de l'humanité ont conçu leur projet et se sont forgé un caractère, une âme de résistant.

Laissez-vous émonder par le Vigneron divin qui ne taille sa vigne que pour lui permettre de porter de meilleures grappes.

Un pilote stagiaire ne s'aventure pas à voler sans moniteur. Un élève des Beaux-Arts ne se lance pas à poser ses couleurs sur une toile vierge sans les conseils d'un maître. Jésus-Christ rêve de vous offrir son Évangile qui pourrait s'intituler : « Vie, mode d'emploi. »

Jésus a pris des risques fous pour les plus exclus, les plus réprouvés, les plus abandonnés, ceux qui se fanent de n'être pas reconnus. Il nous invite à partager son combat contre l'égoïsme, la bêtise, les préjugés, l'indifférence, le racisme, l'orgueil. Tout ce qui nous empêche de vivre à plein régime. À chaque page de l'Évangile, il vous rappelle pourquoi vous êtes là sur cette planète. Il vous répète : « L'amour fait vivre. Son absence fait mourir. »

Vous disposez d'une dizaine d'années pour vous choisir généreux ou égoïstes, courageux ou lâches, remplis d'enthousiasme ou embourgeoisés. Jamais vous n'aurez eu autant besoin d'un Dieu pourvoyeur d'énergie, d'intensité et de tendresse.

Le ciel s'ouvre sur nous

« L'homme est beau parce qu'il est né du désir de Dieu. »

CATHERINE DE SIENNE

« La guerre contre la drogue menée depuis vingt ans est une guerre perdue. » J'ai entendu ces propos au cours d'une émission télévisée consacrée à la drogue.

S'est-on suffisamment demandé ce que signifiait le recours à la drogue chez un nombre croissant de jeunes ? Ne s'agirait-il pas d'un langage, d'un voyant rouge, d'un cri ? Ne pourrait-on y lire un symptôme de mal-être, de mal de vivre ?

Une lycéenne, un jour, tentait de m'expliquer son recours aux stupéfiants les plus dangereux : « Vous n'avez donc pas compris qu'on va mourir ? Le mot "mort" est écrit sur tous les visages et il n'y a rien après ! Cela m'angoisse ! J'ai besoin d'oublier ! »

Il m'est arrivé de ne pas croire en Dieu durant mes jeunes années. J'en éprouvais une sorte de vertige. La vie était décidément trop étrange. Des êtres venus d'on ne sait où font semblant de prendre au sérieux des histoires qui ne mènent nulle part. Nous marchons tous vers un cimetière. J'aurais eu besoin de calmer mon angoisse. À quoi tout cela rimait-il ? Il a fallu des milliards d'années pour que la nature compose ce chef-d'œuvre : l'homme. Mais c'est quoi, un homme ? Qui sommes-nous ? Qu'avons-nous de plus que le plus évolué des grands singes ?

Au cours de cette émission sur la drogue, un jeune expliquait le sens de sa fuite vers des paradis artificiels : « C'est pour avoir droit à de nouvelles clefs, pour avoir le choix d'un deuxième monde. »

Ce n'est pas seulement le plaisir que des jeunes cherchent dans la consommation de pilules d'ecstasy. Ces jeunes veulent ouvrir une fenêtre. Parfois, elle donne sur le vide. Le nombre des suicidés ne cesse d'augmenter. En France, entre vingt et quarante jeunes se donnent la mort chaque jour ! Certes, il est terrible de voir les côtes mazoutées par les dégazages et les naufrages des pétroliers, mais que dire de la marée noire qui asphyxie les âmes ?

J'entends encore mon ami, Maurice Clavel, dire : « Et si nos enfants n'avaient mal que de la poussée de leur âme... ou de Dieu même, qui sait ? »

Les deux réalités que nous célébrons le plus souvent, l'homme et l'humanité, sont menacées dans leurs bases. Manipulations génétiques, projets de clonage : on joue avec l'être humain sans savoir ce qu'est un être humain. Comment définir l'homme ? Jean Rostand était hanté par cette idée : « Un jour, je disparaîtrai totalement sans avoir jamais su ce qu'était un homme... Je suis obsédé, disons le mot, obsédé sinon par Dieu, du moins par le "non-Dieu"... Ce n'est pas un athéisme serein, ni jubilant ni content. Ah non ! Il n'est pas satisfait ni apaisé, plutôt à vif : la plaie se rouvre sans cesse[1]. »

*

J'ai animé des centaines de retraites spirituelles pour des jeunes aux quatre coins de la planète. Et j'espère continuer jusqu'à mon dernier souffle. En France, le plus souvent, les trois quarts des invités se dérobent : « J'ai mon tennis... J'ai mon piano... J'ai trop de travail. » Combien ai-je connu de ces jeunes surmenés d'occupations tomber dans la neurasthénie ! Si on ne met pas sur sa porte quelquefois : « Fermé pour cause de prière », un jour il faudra mettre : « Fermé pour cause de déprime. » Je me souviens de ce premier de classe retrouvé mort dans sa cave. « Il avait tout pour être heureux », répétait son père en larmes. Tout sauf l'essentiel !

Beaucoup d'adultes sont touchés eux aussi par ce « mal du siècle ». Lorsque s'arrête la boîte à musique de leurs activités professionnelles ou de leurs loisirs bien réglés, lorsqu'ils s'interrogent sur le sens de leur vie, les voilà qui tombent dans la morosité, une sorte de « à quoi bon ? » qu'un psychanalyste a appelé la « névrose des dimanches ». C'est gris, morne, terne, sans joie et sans couleur. Certains animateurs de télé-

1. Christian Chabanis, *Dieu existe-t-Il ? Non,* Fayard, 1973.

vision en profitent pour forcer la dose, dépasser les frontières du respect et de la pudeur.

« Mes contemporains sont terriblement pauvres..., écrivait Saint-Exupéry, ils auraient tellement besoin d'un dieu... » Il ajoutait : « Lorsque la guerre sera finie, alors se posera le problème fondamental qui est celui de notre temps, qui est celui du sens de l'homme et il n'est point proposé de réponse, et j'ai l'impression de marcher vers les temps les plus noirs du monde » *(Lettre au général X)*.

Les hommes sont blessés à en mourir d'ignorer d'où ils viennent et de croire que la mort est le fin mot de leur existence. Qui leur révélera que leur soif a un nom ?

Dans son livre récent *La Faim de l'âme*[1], une amie, Jacqueline Kelen, écrit : « Comment, en Occident, en sommes-nous arrivés à cette liquidation de l'âme ?... Là où respire l'âme, la mécanique ne tient plus... Tant qu'un être humain se sent dépositaire d'une âme, tant qu'il se sent des égards et des devoirs envers elle, il ne peut pas tomber sous l'emprise d'une idéologie. »

Ponce Pilate prononça, devant Jésus qu'il allait faire condamner, deux mots *(ecce homo)* dont il ne soupçonnait pas la portée : *« Voici l'homme. »* Pilate, sans le vouloir, nous invite à voir en Jésus-Christ la perfection de notre humanité.

Si le mot « homme » est vide pour les trois quarts de nos contemporains, le mot « Dieu » l'est plus encore. Interrogez l'homme de la rue : « À quoi pensez-vous

1. Presses de la Renaissance, 2002.

en entendant le mot Dieu ? » Il haussera peut-être les épaules. Il vous dira : « Ça vous intéresse, ce truc-là ? » Il vous répondra Inquisition, croisades. Il vous parlera d'intégrisme, de limites à la contraception, de femme lynchée pour adultère, d'avions bourrés de passagers envoyés comme des bombes sur les tours de Manhattan.

Dieu est innocent des bavures et des crimes commis en Son Nom. Si un « teigneux » devient croyant (juif, chrétien, musulman, hindou...), cela fera peut-être un croyant de plus, mais cela fera-t-il un « teigneux » de moins ?

*

Dans l'Évangile, le Père s'exprime peu. La seule parole qu'Il répétera à deux reprises, lors du baptême de Jésus et au moment de Sa transfiguration, est une affirmation précieuse : *« Celui-ci est Mon Fils bien-aimé que J'ai choisi. En Lui j'ai mis toute Ma joie et Mon amour »* (Mt 3, 17). Son être divin de Fils éternel ne s'est pas modifié en prenant la nature humaine. C'est la nature humaine qui a été transformée.

Ce Fils va traduire dans ses actes et ses paroles l'Être divin dont il est investi. Par sa délicatesse d'accueil, par son regard sur les proscrits et les parias, il nous témoigne la tendresse du Père. Par son attitude de disponibilité, de service, il nous ouvre la générosité du Père. Il vole sans cesse au secours de ceux qui souffrent. C'est comme s'il disait à chacun : « Quand tu ne respires pas, j'étouffe. » Son amour des mal-aimés lui vaudra le mépris des « croquantes et des croquants ». On lui collera des étiquettes infamantes sur le dos. Il a aimé à en mourir. En cela, il est la révélation du Père. « Sur la croix, le Père est nu » (Paul Claudel).

Lorsque l'amour atteint ce paroxysme, dans la plus grande misère, la plus grande douleur et la plus grande fragilité, alors Dieu révèle Son vrai visage.

Qui pourrait craindre un Dieu amour absolu, inconditionnel ? Jamais la divinité ne s'est manifestée avec une telle force !

Jacques Brel savait-il qu'en composant le chant « Quand on n'a que l'amour », il faisait un portrait de Dieu ?

*

Nous avons été chargés de poursuivre une mission : représenter Dieu et Le rendre présent. Il est si méconnu ! Depuis deux mille ans qu'Il est venu partager notre condition humaine, nous préférons Le chercher dans d'extravagantes révélations privées.

Par son baptême, chaque chrétien a la vocation d'être colporteur de la Bonne Nouvelle. Ce n'est pas du prosélytisme, c'est le partage d'un bonheur. Non, vous n'êtes pas les enfants du néant, vous n'êtes pas les fils et les filles du hasard. Des océans d'amour ne sauraient vous rassasier. Vous êtes nés pour l'infini, pour connaître Dieu et trouver votre plénitude en cette connaissance. Vous êtes les bien-aimés de Dieu qui Se penche sur chacun de vous et dit à votre propos : *« Celui-ci est Mon enfant bien-aimé que J'ai choisi »* (Mt 3, 16).

L'Évangile n'est pas une une histoire du passé. L'Évangile se prolonge aujourd'hui ! C'est ici et maintenant que l'Esprit se pose sur nous comme Il planait sur les eaux au premier matin du monde. Il cherche un lieu pour y faire Son nid. Le Ciel n'est pas au-dessus de nous. *« Celui qui m'aime, mon Père et moi nous viendrons en lui ».* Le Ciel, ce sont des bras humains, les nôtres, lorsqu'ils s'ouvrent pour accueillir le « Je t'aime » de Dieu.

Dieu cherche un cœur, un cœur ouvert, un lieu où Il pourrait établir Sa demeure et y prolonger Son action. Dieu Se délègue. L'immense Amour qui fait danser les galaxies et les planètes est avide de trouver un point d'ancrage sur cette Terre. Il voudrait Se donner. Il redit à chacun de nous ce qu'Il disait à Israël :

> *« On ne te nommera plus la délaissée…*
> *On t'appellera : ma choisie, car Dieu te désire.*
> *Comme un jeune homme épouse sa fiancée,*
> *ton Créateur t'épousera.*
> *Comme un époux met sa joie en son épouse,*
> *ton Dieu mettra Sa joie en toi. »* (Is 62, 4-6.)

L'homme est beau de cet amour que Dieu lui porte. Ce regard fonde sa dignité. L'homme est sublime d'être le réceptacle de la Présence de Dieu. L'homme est immensément grand d'être invité à partager une éternelle amitié avec les personnes divines dans la lumière.

Mais, s'il ne le sait pas, s'il l'ignore, comment compensera-t-il le manque ? Comment ne pas comprendre alors cette angoisse diffuse autour de nous ? Cet « À quoi bon ? », cette morosité ne sont-ils pas un cri ? Le recours à la boisson n'est-il pas légitime, pour essayer d'oublier ? Est-il si difficile de comprendre le détour par la drogue pour se donner au moins un petit paradis chimique, puisque le grand paradis de Dieu est vide ?

Un monde sans Dieu est comme une maison sans portes ni fenêtres, comme une rivière sans eau, un arbre sans racines, une rose sans soleil !

Sur quoi fonder la dignité de l'être humain s'il n'existe aucune transcendance ? Malraux, Camus, Sartre ont été obsédés par cette question sans pouvoir y répondre.

Lorsque la religion est utilisée à des fins de violence, des jeunes disent : « Supprimons les religions et la paix sera sauvée. » Pourquoi ne pas suggérer aussi de supprimer les voies respiratoires pour éviter le cancer des poumons ?

Une sexualité pervertie peut conduire à des monstruosités : pornographie, viol, pédophilie, sadisme... L'existence de ces perversions va-t-elle dissuader les couples de s'étreindre ? Le cri de bonheur dans les bras de l'être aimé est-il devenu sordide du fait de ces contrefaçons ? Noircie dans les avenues des villes du Nord, la neige est-elle par nature moins blanche ?

« *Que Ton Nom soit sanctifié !* » Ce souhait que Jésus nous demande de prononcer, Il désire aussi que nous en soyons les artisans. C'est à nous de délivrer Dieu des fausses images que nous nous faisons de Lui. C'est à nous de dépoussiérer les textes sacrés des scories culturelles de l'époque au cours de laquelle ils ont été rédigés. À la télévision, un imam faisait un jour cette réflexion : « Sachons traduire les textes en termes actuels. Le voile qui couvre le visage de la femme a été inventé pour qu'elle soit respectée. Aujourd'hui, il provoque l'ironie. Ce qui la fait respecter, c'est l'instruction. Le Coran demande aujourd'hui que la femme soit instruite. »

Des chercheurs d'étoiles par milliers

> « Si Dieu est mort, tout est mort. Je n'appelle pas cette misérable étincelle sur un petit tas de boue, une vie. »
>
> André SUARÈS

« *Sur les paroles du roi, ils se mirent en route ; et voici que l'astre, qu'ils avaient vu à l'Orient, avançait devant eux jusqu'à ce qu'il vînt s'arrêter au-dessus de l'endroit où était l'enfant. À la vue de l'astre, ils éprouvèrent une très grande joie. Entrant dans la maison, ils virent l'enfant avec Marie sa mère, et, se prosternant, ils lui rendirent hommage* » (Mt 2, 9-11).

Je ne voudrais pas ressembler aux scribes savants, spécialistes des Écritures. Ils se dispensent de bouger, parce qu'ils « savent ».

Je préfère devenir le compagnon de ces guetteurs de signes, chercheurs insatiables, mages aimantés par la magie d'une étoile, rois peut-être.

Je n'ai jamais cessé de pérégriner avec les petits poucets de l'Absolu qui ressemblent aux personnages bibliques. Les nouveaux venus sur la planète interdisent qu'on s'y installe. Plus que d'autres, ils se sentent *« étrangers et voyageurs sur la terre »*.

J'ai rencontré parmi les jeunes beaucoup d'insatisfaits de ce monde tel qu'il est. J'ai pu vérifier tout au long de ma vie l'actualité de ce verset de Joël : *« Vos fils et vos filles seront prophètes*[1]. »

Le rôle des prophètes est d'annoncer et de dénoncer. Ils annoncent Dieu en dénonçant les ravages causés par Son absence.

Je suis né à la dimension spirituelle de la vie le jour où, âgé de dix-neuf ans, je reçus une lettre de ma meilleure amie : « Dieu est pour moi une question de vie ou de mort. » Agnès a étouffé sa nostalgie d'Absolu dans la tombe par le suicide, mais, avant de partir, elle l'a greffée en moi, pour toujours.

Désormais je peux ouvrir la Bible à n'importe quelle page ; je ne peux m'empêcher de me demander : comment traduire, comment actualiser cette Parole révélée pour dissuader un jeune de se donner la mort ? Des jeunes comme Agnès, je n'ai pas cessé d'en rencontrer. Ils tentaient de tromper leur faim d'Absolu et de sens par la drogue. Ils étanchaient leur soif avec des mystiques de contrebande. Ils « s'éclataient » dans les décibels des concerts de rock ou dans la révolution. Ils se donnaient quelques extases au rabais, empruntées à tous les vertiges.

C'étaient toujours des trompe-la-faim ! Cette route est une impasse. Leur rage de ne pouvoir atteindre

1. Stan Rougier, *Vos fils et vos filles seront prophètes,* Bayard, 2000.

« l'inaccessible étoile » se transformait en ulcère de l'âme.

À caricaturer tout élan religieux par crainte de ses déviances, on ne calme pas cette soif, on la rend folle. C'est Rimbaud qu'on assassine. « À quoi sert d'aller dans la lune si c'est pour s'y suicider ! », répétait Malraux.

Des jeunes sont privés du Créateur qui les aime et qui ne cesse de les chercher. On les a vaccinés avec un dieu gendarme ou un dieu nounours, un dieu complice des famines et des guerres ou un dieu père Noël, un dieu intégriste ou un dieu sectaire. Les caricatures de Dieu, omniprésentes, ont rendu l'État, l'école et les médias méfiants. On n'est jamais assez prudent ! Mais d'être ainsi brimée, la soif d'Absolu peut devenir hystérique et se donner pour horizon la croix gammée ou l'étoile rouge de Lénine. Et lorsque les idéologies sont mortes, la violence aveugle lui succède.

Les tortues marines irradiées par les essais nucléaires ne retrouvent pas le chemin de la mer. Le matérialisme a irradié l'âme de nombreux jeunes. La quête des jeunes est pathétique et les montreurs d'étoiles trop rares.

Se souvenant de sa jeunesse, Romain Rolland écrivait : « Je ne puis dire à quel point mon époque était déicide et, comme mon âme était naturellement religieuse, c'est moi-même sans le savoir que l'on tuait. »

Il en est qui s'en sortent. À quoi le doivent-ils ? Paul Claudel, à dix-huit ans, était un révolté. L'écart entre ses rêves intérieurs et l'asphyxie spirituelle de ses maîtres était tel qu'il frôlait la folie. Quelle fut l'étoile qui dirigea ce jeune « mage » vers Bethléem ? La beauté d'un chant, la joie de la louange, l'adoration, pendant les vêpres en la cathédrale Notre-Dame de Paris, le 25 décembre 1886. En un instant il fut « retourné comme une peau de lapin » (selon sa propre expression). L'éternelle innocence de Dieu a jailli du cantique *Adeste fideles*. Tout est signe !

Quelques phrases de Saint-Exupéry sont devenues pour moi des phares :

« Je te dirai la vérité sur l'homme. Il n'existe que par son âme. » « Et je connus l'ennui qui est d'abord d'être privé de Dieu. » « Il faut réveiller l'archange qui dort sur son fumier. » « Apparais-moi, Seigneur, car tout est dur lorsque l'on perd le goût de Dieu » *(Citadelle)*.

Une jeune fille de dix-sept ans, Émilie, me disait récemment tout haut ce que la majorité de ses contemporains pense tout bas : « Dieu est un nom qui nous gêne. Il a trop servi à couvrir des insultes à la joie et au bonheur. La religion qu'on nous a présentée trop souvent ne nous attire pas. Nous avons besoin d'authenticité, d'ouverture, de liberté. Tout se décide sur un point : "Oui à la vie" ou "non à la vie." »

Qui dira combien les jeunes ont soif d'un Dieu à visage d'amour ? Jésus-Christ répond à cette soif. Jésus-Christ peut convertir les jeunes à leur propre grandeur, les mobiliser pour une tâche plus noble que de repeindre les barreaux de leur prison. Lorsqu'ils entendent sa voix, ils ne s'y trompent pas et le reconnaissent. Ils découvrent, éblouis, celui qui a planté au plus profond d'eux-mêmes un élan vers une vie plus grande que la vie.

« Je suis le Chemin, la Vérité, la Vie » (Jn 14, 6). Celui qui vient au Christ découvre que sa soif a rencontré une source.

Dieu ne Se laissera jamais emprisonner dans des formules. *« Je suis qui Je serai »*, répondit le Dieu du buisson ardent au jeune Moïse qui L'interrogeait. Aucun clan ne pourra se L'approprier.

Jésus est un SDF : *« Je n'ai pas de pierre où reposer ma tête »*. Il est vraiment sans domicile fixe ! Notre cœur est le seul hébergement où il souhaite ardemment demeurer.

Notre Dieu est un Dieu caché. Non pas silencieux, mais caché ! Ceux qui s'en font les propriétaires Le rendent méconnaissable. À cause d'eux, notre époque se fait un devoir de tendre un cordon sanitaire autour de la religion. Et les jeunes étouffent dans ce silence. On leur parle de tout… sauf de l'essentiel.

« D'où vient l'homme ?
— Ce n'est pas au programme. »
« Qui sommes-nous ? Pourquoi je vis ?
— Ce n'est pas au programme. »
« Pourquoi je vais mourir ?
— ... »

On coupe les ailes d'un oiseau et on lui dit : « Tu es libre de voler. »

On parle de l'arrogance des jeunes ! Est-il trop difficile de la traduire pour ce qu'elle est : un hiéroglyphe qui signifie : « J'en ai assez d'exister sans vivre » ?

On parle de la violence des jeunes qui cassent tout ce qui peut servir à communiquer (téléphones publics ou voitures) ! Est-il si difficile de la traduire pour ce qu'elle est : un signe qui veut dire : « Je n'ai personne à qui parler... personne à rejoindre... » ?

On parle de la déprime suicidaire des jeunes ! Est-il si difficile de la traduire pour ce qu'elle est : un message codé qui signifie : « Arrêtez ce monde, il est désenchanté. Arrêtez ce monde, je veux descendre » ?

Autrefois, on mettait des petits lapins dans les sous-marins, et lorsque l'air se raréfiait, les animaux mouraient. On savait qu'il fallait refaire surface !

À partir de combien de suicidés peut-on songer à modifier les programmes scolaires ? Combien de jeunes détruits par la drogue faudra-t-il pour réfléchir aux vraies causes de ce fléau ? Leur nombre est en augmentation chaque année. Pour leurs parents, ce ne sont pas là de simples statistiques, ce sont des visages tendrement aimés. Rien ne pourra les consoler.

Mais aucun parent ne portera plainte ! L'air vicié que l'on oblige les jeunes à respirer est invisible ! Aucune étude sérieuse n'est faite pour vérifier le mal-être de la jeunesse d'Occident et l'anémie des âmes. On se penche sur les méfaits de la drogue, des sectes et des intégrismes. Pourquoi ne pas en étudier les causes ?

Si tous les croyants du monde savaient interpeller les dirigeants de la planète pour solliciter un plus grand souci de la dimension spirituelle de l'être humain !

La France est le seul pays à avoir réclamé l'effacement du nom de Dieu dans la constitution de l'Europe ! Il paraît que c'est un ministre baptisé qui a décidé cela ! Faut-il que les contrefaçons religieuses aient creusé de profondes blessures pour que l'on en soit arrivé là !

*

En août 1997, les médias, l'espace d'un arc-en-ciel, ont été frappés d'un état de grâce. Tant de jeunes rassemblés à Longchamp, autour d'un certain Jésus, à l'appel d'un homme qui n'était ni une vedette de la chanson ni une star du football. C'était un vieillard, très diminué par les attentats contre sa personne.

Ils n'ont pas vu que cette quête se manifestait depuis plus de trente ans à Taizé, à Lourdes, à Paray-le-Monial, à La Féclaz, dans les communautés nouvelles et en cent autres lieux. Ils n'ont même pas évoqué ceux qui se sont retrouvés les étés précédents à Milan, à Saint-Jacques-de-Compostelle, à Czestochowa, à Denver...

J'ai été le confident de centaines de conversions, doublées de guérison de jeunes qui revenaient de longs séjours d'alcoolisme, de drogue ou de désespoir. Mais fait-on un bon journal de l'info avec des bonnes nouvelles ? Les vols à la tire, les viols sordides, les voitures brûlées, les violences en série sans autre explication que la crise ou le chômage, voilà qui intéresse notre société. Les stars du foot, du tennis ou du show-biz brillent davantage que les étoiles de l'espérance.

Je reviens de deux retraites de trois et cinq jours avec le mouvement Fondacio. J'ai entendu trois cent cinquante jeunes dire leur soif dévorante de Dieu. Ce que Dieu a ensemencé dans leur cœur, ils entrevoient que Lui seul le fera parvenir à son épanouissement. Devant une certaine qualité de regard ou de sourire, ils pressentent que cela ne vient pas d'une bonne nature ou d'une bonne humeur, mais qu'il y a là l'empreinte de Dieu.

Il est des moments dans la vie où un seul regard peut dissuader de mourir.

Christ : Chemin, Vérité et Vie

> « J'ai vu assez de choses pour être convaincu de manière inébranlable qu'aucune difficulté, qu'aucune peur n'est assez grande pour étouffer complètement l'espérance qui jaillit éternellement dans le cœur des jeunes. Ne laissez pas mourir cette espérance. Nous ne sommes pas la somme de nos faiblesses et de nos échecs, nous sommes la somme de l'amour du Père pour nous et de notre capacité réelle à devenir l'image de Son Fils. »
>
> JEAN-PAUL II, JMJ 2002

Au-delà des caricatures, plus loin que le « Jésus défenseur du Grand Capital » (Nizan), plus loin que le « Jésus guérillero » (Fidel Castro), plus loin que le « Jésus, voleur des énergies humaines » (Nietzsche), au-delà du Jésus leucémique et chétif de l'imagerie sulpicienne, il nous faut rencontrer le *« Fils de l'Homme »* de la prophétie de Daniel. « Un de la Trinité » est entré dans l'Histoire. Il est venu traduire en langage d'homme, en gestes d'homme, ce que Dieu vit de toute éternité. Le Christ Jésus, le Messie, ouvre une brèche sur la Tendresse infinie de Dieu.

« Je suis le Chemin »

Nous nous émerveillons de ce qu'ont réalisé Martin Luther King, mère Teresa, l'abbé Pierre, sœur Emmanuelle. Nous nous décourageons de notre peu d'audace.

Nous nous émerveillons que tel ou telle ait su faire fructifier ses talents, et nous enveloppons les nôtres dans un mouchoir.

Jésus-Christ nous montre le chemin de l'humilité et de la simplicité. Sois toi-même. Accepte-toi tel que tu es. Ce qui émeut le plus Dieu lorsqu'Il te regarde, c'est toi.

Le chemin, c'est la prière. En 1945, à la fin de la guerre, Alfred Kastler, prix Nobel de physique, disait : « Il faut avoir pour ambition une époque où on enseignera la méditation dans les lycées, non pour faire des illuminés, mais pour retrouver notre moitié perdue ! »

Le chemin, c'est l'amitié avec le Christ. *« Celui qui m'aime, mon Père et moi nous ferons en lui notre demeure »* (Jn 14, 23). *« Celui qui m'aime, des fleuves d'eau vive couleront de son cœur. »*

« Je suis la Vérité »

Jésus vient nous sortir de nos ténèbres. Il est le donneur de sens.

Je me souviens de ma propre jeunesse. Mon amie Agnès me disait : « Sartre a raison : nul objet ne s'offre à moi qui soit digne de mon adoration. » « Il n'y a pas de nature humaine. Qui accepterait de me donner une âme ? » « Dieu est une question de vie ou de mort ! » Et c'est sa mort volontaire qui m'a montré qu'il y a dans l'être humain une soif plus forte que toutes les soifs : le besoin de vérité, la faim de sens.

Jésus nous délivre de ce doute. Il nous révèle notre grandeur et la beauté de cet Univers qui est la plus formidable école d'amour. Il nous enseigne que nous sommes là pour apprendre le goût de l'autre, pour nous enchanter de plus en plus de la splendeur de nos liens. *« Toutes les choses passeront. L'amour ne passera jamais »* (1 Cor 13, 8).

Les jeunes débarquent sur la planète. Ils n'ont rien demandé. Mais ils ont le droit de savoir s'ils viennent du néant ou d'un Créateur. S'ils sont l'œuvre d'un Créateur, Qui est-Il ? Jésus vient répondre à notre plus grande question.

« Dieu est méchant », disaient les maîtres penseurs de ma jeunesse. Ou bien : « L'homme, dans son immense orgueil, veut croire qu'il est quelque chose, alors, il a inventé Dieu. L'homme ne se résigne pas à n'être qu'un ver de terre avec un cerveau. »

Jésus-Christ est venu nous réconcilier avec le Maître des mondes. Il donne un coup de balai aux images païennes incrustées en nous depuis la nuit des temps.

De quel Dieu la majorité des jeunes sont-ils athées ? Sommes-nous tissés dans l'étoffe du néant ou dans l'étoffe divine ? Qui m'a inventé ? Pour quel voyage ? Pour quelle initiation ? Pour quel avenir ?

On veut arracher du cœur de l'homme la question elle-même ! Notre siècle est une véritable conspiration contre l'âme. Notre époque veut anesthésier l'angoisse existentielle. Disco-moto-porno, voilà les trompe-la-faim ! Mais l'âme immortelle, à chaque génération, se rebiffe et reprend le même cri : « Qui suis-je ? »

« Tu n'es pas l'enfant du hasard », répond Jésus-Christ. « Dieu s'est fait homme pour que tu sois fait Dieu » (saint Irénée). Tu es un rêve de Dieu réalisé. Ta vie est une histoire sainte. Né de l'amour, tissé d'amour, tu marches vers un amour sans faille, sans déclin, sans lassitude, sans malentendus. La mort ne laissera plus jamais planer sur toi son ombre.

Jésus-Christ, visage humain de Dieu, visage divin de l'homme.

Dieu, en Jésus-Christ, prend tous les risques : risque du déshonneur et celui de l'exclusion pour sauver l'honneur perdu d'une prostituée ou d'un escroc, d'un hérétique ou d'un païen, des lépreux ou des personnes aux mœurs douteuses.

Dieu, en Jésus-Christ, accueille le fils qui a fugué après avoir fait main basse sur sa part d'héritage. Être si pauvre est merveilleux lorsqu'on est tellement aimé ! Tu reconnaîtras que tu aimes Dieu à ce signe : tu sais voir la beauté spirituelle de chacun, même du plus rugueux d'entre les siens.

« Je suis la Vie. »

Je recevais dernièrement une lettre virulente d'une jeune fille révoltée. « Ton Dieu est vieux et sourd. Il nous dit d'aimer, et il n'y a pas d'amour. Dieu est loin. Il nous laisse nous débrouiller dans la laideur d'un monde où l'on crève de désespoir ! »

En réalité, Dieu nous supplie de L'aider. Il dit à chacun : *« Viens travailler à ma vigne. Viens, j'ai besoin de toi. »*

Jésus-Christ bat le rappel des bonnes volontés. À Lui d'être la sève ; à nous d'être les branches. Dieu est Amour. Dieu n'est pas un enchanteur qui nous dispenserait de notre plus grand trésor : notre responsabilité. Dieu Se cherche des relais. C'est à travers nos libertés qu'Il peut avoir prise sur le monde et sur l'Histoire.

Au cœur de toute détresse, Dieu nous appelle. Chaque fois qu'un homme est humilié, Dieu est humilié. Pour le Dieu de Jésus-Christ, l'homme est sacré, et toute atteinte contre sa dignité est un sacrilège.

Depuis vingt siècles, des hommes et des femmes se sont laissé emporter par le Christ dans son aventure. Le Christ ressuscité a touché leur cœur et les a entraînés à sa suite.

À toutes les époques, sur tous les continents, des hommes et des femmes ont été *« le sel de la terre »*. Leur vie a été emportée au grand vent de l'Esprit, un vent à couper le souffle et de fait, elle fut dérangeante et folle. À leurs yeux il n'y eut pas de fatalité du malheur.

Si Marx avait accepté de rencontrer de vrais chrétiens, il n'aurait pas dit : « L'amour s'exprime en des phrases sentimentales qui ne peuvent modifier les rapports sociaux réels » ou bien « L'abolition de la religion en tant que bonheur illusoire du peuple est l'exigence que formule son bonheur réel. »

C'est l'amour vivant en Jésus-Christ, et transmis à des hommes et à des femmes, qui a mis fin à la dictature du président Marcos aux Philippines. C'est l'amour qui a fait tomber le mur de Berlin et le rideau de fer. C'est encore l'amour qui a fermé les portes des goulags.

J'aime raconter la parabole indienne du petit lion. Ses parents sont morts le jour de sa naissance. Recueilli par une brebis, il a appris à téter, à bêler, à brouter. Un jour, il rencontre un vrai lion. Alors sa nature véritable se réveille.

Au contact des grands vivants qui donnent leur vie pour que d'autres ne meurent pas de mort physique, psychique ou spirituelle, notre vraie nature peut se révéler. Les jeunes sont à l'âge où ils vont décider s'ils préfèrent accrocher leur vie à une étoile ou la pendre à une pantoufle.

Beaucoup n'ont pas encore choisi ce qu'ils veulent faire de leur existence. Jésus vient dire à chacun : *« choisis la vie »* ; choisis ce qui fait vivre. Aime sans frontières. Aime dans les défis de ton époque : chômage, sida, immigration, racismes, violences et autres chantiers. Aime sans calculer le risque et la dépense. Où sera Jésus-Christ aujourd'hui pour réhabiliter un Zachée et une Marie-Madeleine, ou encore remettre sur pied un paralysé ?

Dieu embauche

> « Le message de l'Évangile est manifestement le complément essentiel de notre civilisation… Je trouve une telle force dans l'Évangile pour réduire l'égoïsme, la routine, la lâcheté… Je trouve dans le message évangélique un tel potentiel de dépassement, de joie et d'audace, un tel sens à la vie que ce message porte pour moi un sceau de vérité. Le monde doit redécouvrir l'Évangile, sinon il est condamné à périr. »
>
> Louis LEPRINCE-RINGUET

Au début de ma vie de prêtre dans une paroisse de banlieue, mon curé m'avait confié deux années de catéchisme : deux cent cinquante enfants. Il n'y avait pas un seul laïc pour m'épauler. Aujourd'hui, vingt-cinq baptisés y remplacent le prêtre mobilisé pour d'autres tâches. Là où nous étions cent prêtres, plus de deux mille laïcs sont aujourd'hui engagés. L'Église se porte-t-elle aussi mal que certains voudraient le croire ?

Je reviens d'animer une retraite de prêtres. L'âge moyen de ces baroudeurs de l'Évangile était de soixante-dix ans. Un journaliste pressé disait : « L'Église a heurté un iceberg. Elle coule. » Je dirais plus volontiers : regardez les laïcs auxquels on n'osait pas confier de mission il y a trente ans ; ils sont plus de deux cent mille aujourd'hui à être engagés dans la catéchèse. Et je ne compte pas tous ceux qui évangélisent dans les mouvements et les communautés : ils sont plus d'un million.

Le besoin de prêtres n'en est que plus grand. Qui ne souhaiterait que des jeunes montent au créneau en plus grand nombre ? Ce sont bien des prêtres, le plus souvent, qui ont déclenché, éclairé, soutenu la vocation des laïcs. Le sort des prêtres et des laïcs dans l'Église est lié comme dans un corps humain sont liés le cœur et les poumons, le cerveau et les membres, les artères et les veines. Ils ne sont efficaces que s'ils sont accordés, solidaires. Leur mission est la même : faire connaître et aimer le visage de Jésus-Christ. Lorsque l'amour éternel se fait homme, que dit l'amour ?

Lorsque l'Amour divin se fait homme, quels actes accomplit-Il en ce monde ?

La religion chrétienne n'est pas un système. Quelqu'un nous aime et nous invite à Le suivre. Notre tâche la plus urgente est la même que la sienne : révéler la tendresse infinie de Dieu et lutter contre l'injustice et la haine. Qui peut demeurer les bras croisés devant ce Dieu-là ? Il manifeste un tel désir de nous voir travailler à rendre le monde plus humain. Qui peut demeurer inerte devant ce Dieu qui nous supplie de sauver ce monde victime d'égoïsme et de violence ?

Qui peut demeurer muet devant ce Dieu qui nous demande de Lui prêter notre voix pour Le faire connaître ?

Il croit en nous au point de nous confier ce qu'Il a de plus cher : la transmission de Son Évangile. Ce qu'un être humain apprend durant ses jeunes années décide de toute sa vie. Si Marx, Freud, Nietzsche et les autres humanistes athées avaient eu de meilleurs catéchistes, la face du monde aurait été changée. Manifestement, ils n'ont pas entendu parler du même Dieu que Luther King, Oscar Romero, Helder Camara ou Mère Teresa : d'un côté le dieu rébarbatif, ennemi de la vie et de la joie ; de l'autre, le Dieu au visage d'amour, ami de la vie. Il n'y a pas que dans l'industrie qu'il faut se méfier des contrefaçons ! Hélas, les caricatures, depuis le dieu puritain jusqu'au dieu complice de la mort, sont encore vivaces.

Il y va du sens même de la vie. Un jeune de dix-sept ans m'écrivait, il y a quelques mois : « Sans Dieu, pourquoi vivre ? Que serions-nous ? Où irions-nous ? Si un jour mon doute devenait trop violent, alors je déciderais que je n'ai plus rien à faire en ce monde. Si Dieu n'existe pas, je n'ai plus de raison d'exister. » Ils sont nombreux, les jeunes inconsolables de n'avoir pas trouvé un dieu digne de leur adoration.

« Les passants piétinent un sel affadi », constate Jésus. Nos contemporains ne se privent pas de piétiner un sel qui n'est plus du sel. Certains croient devoir changer de religion. Peut-être avons-nous délaissé certains aspects de notre héritage. Sans doute avons-nous oublié de montrer comment la prière pouvait s'enraciner dans le

corps ; sans doute ignorons-nous les passages nombreux de la Bible (Livre de la Sagesse, lettres de saint Paul...) qui nous conseillent de gérer dans la paix nos émotions.

Dieu n'aime pas que Ses enfants souffrent. Son obsession est de rendre leur dignité d'homme aux êtres blessés, aux humiliés et aux exclus de la société. Il ne songe qu'à soulager et, si possible, à guérir. Jésus nous parle d'un Dieu qui S'émerveille de ce qu'un homme sur dix soit capable de gratitude. Son enthousiasme redouble lorsque cet homme est un étranger, hérétique de surcroît. De la même façon, il s'est ému de la confiance d'un officier d'une autre religion et de celle d'une païenne étrangère (libanaise).

Jésus, parce qu'il croit en l'homme, nous a confié le soin de continuer sa tâche : faire connaître le Dieu amour : *« Père, j'ai révélé Ton Nom. »* Quel est-il, ce Nom ? Indignation ? Colère ? Répression ? Intolérance ? Dieu n'est-Il pas plutôt le père de l'enfant prodigue ? Amour est son nom.

Ce Dieu-là nous dit : *« Ma joie, c'est ton bonheur »* (Dt 30, 9). Chaque matin au réveil nous pouvons dire : « Aujourd'hui, mon Dieu, je ferai tout pour Ta joie. Je me réussirai pour réjouir Ton cœur. »

Annoncer un tel Dieu à ceux que nous aimons, jeunes ou moins jeunes, pour qu'ils ne désespèrent ni d'eux-mêmes ni de l'avenir, voilà de quoi enchanter une existence !

III

QUE FAUT-IL DIRE AUX HOMMES ?

Dieu n’est pas muet

> « Dieu n’est pas le Tout-Puissant dominateur. C’est le Tout-Puissant captif. Captif des libertés qu’Il crée à la cime du monde pour que le monde puisse culminer dans l’amour. »
>
> Abbé PIERRE

Il y a quelques jours, je lisais les *Mémoires du large* d’Éric Tabarly. « Je me suis demandé, dit-il, pourquoi ce Dieu d’amour permettait autant de saloperies et de misères sur notre terre. La réponse, peut-être me la fournira-t-Il dans l’au-delà. »

Je pense aussi à ces propos d’Albert Cohen. « Ô Dieu, j’ai vu Ton œuvre… Tu nous fais trop souffrir. Tu ne mérites pas ta chance d’être Dieu. »

La voilà bien, la plus grande question ! Pour réconcilier l’humanité avec Dieu, il faut y répondre.

Pourquoi ne pas lire la Bible pour découvrir le projet de Dieu ? Pourquoi ne pas tenter de comprendre comment sont distribués les rôles ?

Que voyons-nous dans les pages de l'Évangile ?

Nous voyons Dieu en souci pour le monde. Il y a un message vital à transmettre, mais les volontaires ne se bousculent pas pour cette tâche. Les forces du mal sont à l'œuvre. Elles se trouvent des antennes sans difficultés. Pour les faire reculer plus loin, Jésus embauche. Il parle de vignerons et de moissonneurs. Il invente le blé et la vigne ; à l'homme de labourer, de semer, de planter, de récolter. Voilà une bonne division du travail ! Quelle joie pour le paysan de voir que Dieu n'est pas avare de ses dons. Grâce aux moissonneurs, le blé de la Parole de Dieu fera des merveilles.

Tout au long de la Bible, Yahvé ne cesse d'embaucher : « *Qui enverrai-je ?* » D'Abraham aux prophètes, Dieu appelle. Si aucun Moïse ne s'était porté volontaire, il n'y aurait pas eu de « sortie d'Égypte ». Que peut celui qui appelle à la résistance si personne ne lui répond ?

D'où avons-nous tiré cette idée d'un Dieu qui voudrait produire du blé sans moissonneur, qui donnerait des soins aux malades sans médecins, qui transmettrait Sa Parole sans messagers ? De quoi avons-nous l'air avec notre idée d'un Dieu bonne fée ?

La moisson est là, surabondante, le blé est mûr. Il ne manque plus que les moissonneurs. Sinon, dans quinze jours, avec les pluies, la récolte sera perdue. Mais où trouver les ouvriers ? Comment les décider ? La demande de prière pour que le Père envoie des moissonneurs ne doit pas servir d'alibi à notre paresse. En décodant les hébraïsmes de la Bible, nous pouvons comprendre : « Prie, afin de découvrir sur quel chantier, pour quelle tâche Dieu te mobilise. »

C'est dans la prière que Gandhi apprend le goût de la liberté pour son peuple. C'est dans la prière que Luther King rêve de fraternité entre les races. C'est dans la prière que Mère Teresa décide de tout abandonner pour se consacrer aux plus délaissés. « Prie comme si tout dépendait de Dieu, agis comme si tout dépendait de toi » (saint Ignace).

Un exégète belge donne une traduction originale de la phrase bien connue : *« Il y a beaucoup d'appelés, mais peu d'élus. »* Deux interprétations s'offrent au lecteur. Les places sont chères en paradis, ne t'imagine pas qu'il y en aura une pour toi : Dieu est avare et menaçant. Ou bien : vous êtes tous invités à travailler pour l'avènement d'un monde réconcilié d'où le mépris, la haine et l'indifférence seront bannis. Vous êtes tous invités, oui, mais toi…, viendras-tu ? Suspense ! Le projet de Dieu est à la merci de ta réponse.

« Il y a beaucoup d'appelés, mais peu d'élus. » Ces paroles ne sont pas à entendre comme une limitation des entrées au Paradis, mais comme une convocation urgente à servir ici et maintenant. Ce n'est pas une exclusion, c'est une requête et une plainte. Dieu n'est que don de soi. Il invite l'homme sur ce chemin. Comme le jeune homme riche, le plus souvent nous nous dérobons. Dieu voulait remettre Son pouvoir créateur aux mains de l'homme, avec le privilège de donner cent pour un. L'homme soupèse l'invitation : pour quel profit ? avec quelles pertes ? Contrairement

à ce que dit le proverbe, c'est Dieu qui propose, et l'homme qui dispose.

Il nous faut d'urgence retourner la question de Tabarly : « Pourquoi l'homme permet-il autant de saloperies et de misères sur notre terre ? »

« Qu'est-ce qui ne va pas dans ce monde ? », demandait un journaliste à Mère Teresa. « Vous et moi, monsieur », répondit-elle.

*

Jésus, Dieu à visage humain, Amour fait homme, comment réagit-Il devant les tourments dont souffrent ses semblables ? Il est *« saisi de compassion jusqu'aux entrailles »,* dit l'Évangile. La vue de ces foules tristes et accablées L'obsède… Reflet exact du Dieu de la Première Alliance, Il ne supporte pas que l'on abîme un homme. Il soigne, Il guérit. Sur son passage, des muets parlent, des sourds entendent, des aveugles voient, des paralysés marchent, des lépreux retrouvent figure humaine. Chaque jour, Il renfloue l'amour dont l'absence dérègle les harmonies du monde. Sa conduite est contagieuse. Des foules Le suivent, se demandent s'Il ne serait pas le Messie. Si c'était Lui, alors le monde pourrait changer !

Quelques mois plus tard, on va L'abattre, Le faire taire. Son temps est compté ! Alors Il embauche, Il mobilise, Il appelle.

Au lieu de dire que Dieu est muet, prête-Lui ta voix. Au lieu de dire que Dieu est manchot, prête-Lui tes bras. *« Celui qui croit en Moi fera jaillir des sources. » « Allez, je vous envoie comme des brebis au milieu des loups... »* Entendez la plainte de ceux qui vivent au milieu des loups. C'est par des courageux que je chasserai les tyrans. C'est par des messagers d'espérance que j'intimiderai les loups. Allez... Ne laissez pas votre générosité inemployée.

« Il y a deux sortes d'hommes, ceux qui se battent et ceux qui se couchent », disait un grand résistant.

Je pense à l'angoisse de Saint-Exupéry à la veille de sa dernière mission : « Il n'y a qu'un seul problème, un seul : rendre aux hommes une signification spirituelle... Que faut-il dire aux hommes ? » Cette angoisse précise m'a fait comprendre, à l'âge de vingt-deux ans, l'appel lancé autrefois par le Christ sur les chemins de Judée.

J'ai vu tant de mes contemporains happés par le mal-être du non-sens. Ils ressemblaient au jeune Claudel étouffant dans son « bagne matérialiste ». Ils étaient comme le jeune Rimbaud, englué dans un monde sans âme, écœuré devant l'avarice des cœurs. Drogue, violence, suicide... *« Ils étaient comme des brebis sans berger. »*

Et moi-même, cette détresse, ne l'ai-je pas connue jusqu'à la nausée ? Le malheur de se croire né pour rien et d'aller nulle part ! Alors l'Évangile ? Si c'était le message que Saint-Exupéry appelait de ses vœux avec son cri : « Il faut réveiller l'archange qui dort sur son fumier... » Qui pourrait réveiller l'âme humaine sinon une Parole divine ? L'héritage n'était pas perdu, comme le redoutait l'écrivain-pilote : il était oublié. Il n'y avait pas eu assez de moissonneurs !

J'ai eu le désir irrépressible de rejoindre les soixante-douze qui devaient marcher en avant du Messie pour dire : *« Quelqu'un est là, au milieu de vous, que vous ne connaissez pas. »* Tu ne marches pas vers la nuit des cimetières. Ton avenir n'est pas de mourir, mais de vivre. Tu marches vers la lumière du Royaume. Le prince de ce Royaume est le donneur de sens. Il a fait un « domaine où l'amour sera loi, où l'amour sera roi, où tu seras reine. » Il a besoin de toi sur les chantiers où règnent la misère, l'exclusion, la calomnie, l'indifférence, la solitude, la douleur.

« Chaque fois qu'un homme est torturé, c'est Dieu qui échoue et qui souffre. Le Messie est prisonnier quelque part, ligoté par notre violence dans l'un des goulags que chaque siècle fait naître. Ce n'est pas l'homme qui attend le Messie, c'est le Messie qui attend l'homme » (rabbin Eisenberg).

L'envoi des soixante-douze disciples, qui sont bien plus de soixante-douze millions aujourd'hui, procède du même élan que celui de l'Amour qui jaillit au cœur de la Trinité. *« Comme le Père m'a aimé, moi aussi je vous ai aimés. Comme le Père m'a envoyé, moi aussi, je vous envoie. »*

Dans le souffle de l'Esprit, des multitudes de jeunes répondent à l'appel d'un Christ qui croit en eux et qui ne cesse de les appeler pour les envoyer. Bientôt, ils verront les forces du mal *« tomber comme la foudre »*, les murs de la haine et du racisme tomber comme le mur de Berlin.

Puissent-ils puiser leurs plus hautes joies dans les promesses de l'éternité. *« Réjouissez-vous : vous êtes aimés, vos noms sont inscrits dans le ciel. »*

*

Si nous admettons que Dieu veuille, lors de notre séjour terrestre, nous initier à l'éternité de l'amour, nous comprenons pourquoi Il S'est effacé. Il ne peut pas, à la fois, nous demander d'apprendre à aimer et nous retirer nos responsabilités.

Face à ce cri « Mais le Bon Dieu, qu'est-ce qu'Il fait ? » nous pouvons entendre un autre cri : *« Je t'ai fait, toi ! Viens. J'ai besoin de toi. Viens tailler Ma vigne. Viens récolter Ma moisson. Viens prendre soin de Mes agneaux. »*

Dieu prie l'homme. Pourquoi est-Il si peu exaucé ?

« Les hommes souffrent d'une faim spirituelle plus dramatique encore que la faim corporelle » (Jean XXIII). Pourquoi dans certains médias trouvons-nous tant de caricatures sur le Christ ? Pourquoi tant de parodies sur tout idéal ? (Je me revois sur un plateau de télévision. Dès que j'eus cité une des plus belles paroles de la Bible : *« Dieu fit l'homme à Son image : homme et femme Il les créa »,* il y eut un sursaut : « Vous n'allez quand même pas prêcher ? » Les autres ont le droit de citer Lénine, Mao, Fidel Castro. Aucune censure ne les arrête. Mais évoquer la Bible, quelle provocation ! quel manque de goût ! quelle naïveté ! quelle insolence !)

Pourquoi tant de jeunes dans les lycées n'entendent-ils jamais parler de Dieu ? Qui leur en parlera sinon leurs camarades croyants ? Les chantiers nouveaux pour de nouvelles vocations sont innombrables dans une Église qui ne cesse de rajeunir.

Des hommes et des femmes me disent : « Il y a vingt ans, tu m'as aidé à accrocher ma vie à une étoile » ou bien : « Il y a trente ans, tu m'as révélé un Dieu d'Amour » ou encore : « Merci de m'avoir dissuadé autrefois de me donner la mort ! » Dans ces moments-là, mon bonheur n'a pas de bornes.

« À la tête de ma cité, j'installerai des poètes et des prêtres. Ils feront s'épanouir le cœur des hommes » (Saint-Exupéry).

Saint-Exupéry a pensé que le rôle du prêtre était analogue à celui des poètes. Le poète et le prêtre disent ce qui est caché au cœur du manifesté, ce qui est invisible au cœur du visible. Le poète et le prêtre tournent toute chose et tout être vers leur origine et leur but. Le poète et le prêtre ouvrent les âmes au secret de l'existence.

Dieu ne manque pas aux vocations. Ce sont les réponses qui manquent aux appels. Nous avons tous vocation à aimer. *« Tous sont appelés… Mais toi, viendras-tu ? »*

S'il y a parmi vous, lecteurs, un jeune homme ou une jeune fille qui rêve de donner un sens à sa vie, qu'il entende les appels qui montent de l'immense douleur humaine. L'amour n'est pas aimé. Il y a trop de famines, trop de destructions de la planète, trop de blessures, trop d'injustices, trop de haines, trop d'exclusions, trop de violences, trop de mépris, trop de solitudes, trop de tristesse et de désespérance.

« Mais toi, viendras-tu ? »

Partager une bonne nouvelle

> « Ni des purs ni des saints ne sont demandés, mais des bouches de Dieu même gercées semant Sa Parole, même salies déployant Sa tendresse, des amis de Dieu même chancelants. »
>
> Charles SINGER

Une seule chose compte : la parade contre le mal qui ne désarme pas.
Là où le mépris a eu toutes les arrogances, la tendresse devrait avoir tous les courages.
Là où règne la bêtise, la sagesse pourrait l'emporter.

Les seuls hommes, les seules femmes qui ont touché mon cœur sont ceux et celles qui ont donné un peu ou la totalité de leur vie pour que des êtres soient plus vivants, plus accomplis, mieux réalisés.

J'ai connu un médecin qui, après douze heures de soins dans un camp de réfugiés rwandais, ne parvenait pas à dormir. « Je pourrais sauver un bébé en vingt minutes », se répétait-il. Il a dû être lui-même hospitalisé. Que n'a-t-il appelé d'autres volontaires ?

J'ai eu pour ami un patron d'entreprise qui ne se résignait pas à être contraint de licencier quatre-vingts employés. L'infarctus l'a tué.

Une émission de télévision nous a montré récemment en Colombie un homme amputé des deux jambes et qui du haut de sa planche à roulettes se réjouissait de n'être pas plus grand que ses enfants.

Les moines de Thibirine ont préféré le risque d'être égorgés, plutôt que la certitude de lâcher un peuple auquel ils avaient lié leur sort. Ils furent en effet égorgés.

J'ai entendu les témoignages de disciples de Lanza Del Vasto qui sont allés prêcher la non-violence aux Philippines. Des officiers philippins qui avaient suivi ces conférences ont osé désobéir lorsque le président Marcos leur a ordonné de tirer sur la foule. Après un face à face de quatre jours et quatre nuits, le pays fut délivré d'un tyran, sans effusion de sang. « Nous avons tout appris à l'école de guerre, avoua l'un des officiers, sauf comment réagir devant une foule qui prie. »

Le 11 septembre 2001, à New York, de très nombreux pompiers sont morts en allant tenter de ramener des survivants des deux tours effondrées.

Tous ceux-là furent heureux du plus grand bonheur, celui de « se donner ».

Saint Paul martèle à temps et à contretemps son message sur la priorité absolue de l'amour. Il en décrit les conditions et les exigences. Il ne parle pas d'autre chose que de ce don de soi pour que d'autres soient plus vivants.

Le message de l'apôtre saint Jean est lui aussi une répétition lancinante : « *Aimez-vous... Celui qui aime est né de Dieu et connaît Dieu... Celui qui n'aime pas ne connaît pas Dieu* » (1 Jn 4, 7). « *Nous savons que nous sommes passés de la mort à la vie lorsque nous aimons nos frères* » (1 Jn 3, 14).

Leur maître à tous deux, le Christ, tourne sans cesse autour du même cri : « *Aimez-vous comme je vous ai aimés.* » « *Il n'est pas d'amour plus grand que de donner sa vie pour ceux qu'on aime.* »

La télévision et la radio nous font rêver avec des chansons qui réaffirment l'urgence d'aimer. *Quand on n'a que l'amour* de Jacques Brel date d'il y a un demi-siècle. *L'Auvergnat* de Brassens est de la même époque.

Saint Augustin résume ainsi son adolescence, il y a dix-sept siècles cette fois : « J'aimais aimer. »

*

Évangéliser, c'est partager la Bonne Nouvelle. Lorsqu'en 1944 quelqu'un cria : « Les Américains ont débarqué ! », on commenta chaleureusement l'information et on n'interrompit pas le messager avec un : « Vous n'allez pas nous faire un sermon. »

Évangéliser, c'est être assez passionné par le visage d'amour révélé en Jésus-Christ pour que cela réveille l'âme de celui qui nous écoute.

« Jésus demeure pour tous un frère d'amour et de combat... Son regard transperce toutes les apparences, dénude les hypocrisies et se pose émerveillé sur chaque être humain, le plus défiguré soit-il... Personne comme Jésus n'a démontré par son message et sa vie que rien, dans l'humanité, absolument rien n'était perdu. Avec le Christ, tout peut être transformé en amour, donc en vie » (André Depierre, prêtre ouvrier).

André Comte-Sponville écrit : « Si Dieu existait, cela devrait se voir ou se sentir davantage. Pourquoi Dieu se cache-t-Il à ce point ? Quel triste père ce serait, celui qui pour respecter la liberté de ses enfants refuserait de vivre avec eux, de les accompagner ! Quel père se contenterait, pour élever ses enfants, d'une parole adressée à d'autres, morts depuis des siècles, et qui ne leur serait transmise que par des textes équivoques ou douteux... plutôt que de leur parler directement et de les serrer contre son cœur ? Drôle de père, drôle de Dieu ! Et quel père plus atroce que celui qui, lorsque ses enfants souffrent, se cacherait encore ? Comment l'aimer, comment y croire ?[1] »

À ces propos, que répondraient les convertis, eux qui, agnostiques, ont souhaité recevoir un signe et l'ont reçu ? Que répondrait mon ami Jacques Lebreton qui au cœur de la pire souffrance, amputé de ses mains et privé de ses yeux, a reçu la joie ineffable de Sa Présence ? Que dirait ce déporté qui avant de finir sa vie dans la chambre à gaz écrivait cette prière : « Seigneur, nous Te prions pour nos bourreaux. Nous Te rendons grâce pour tout ce que Tu as obtenu de nous grâce à

1. *Présentations de la philosophie,* LGF, 2002.

eux, en patience, en douceur, en capacité de pardonner. » (Je cite de mémoire.)

*

La Bonne Nouvelle est un diamant à plusieurs facettes : Dieu nous aime, Dieu nous a créés pour partager Sa Joie éternelle. L'amour est *« le Chemin, la Vérité, la Vie ».*

Nous pourrions prouver combien la liberté, l'égalité et la fraternité trouvent leur fondement dans la Bible, mais ces valeurs ont mis un temps considérable à s'imposer.

La laïcité est le respect de toutes les religions. Aucune ne peut s'opposer aux autres. Aucune ne peut contraindre les consciences.

Aujourd'hui, nous sommes, en Occident, écartelés entre un athéisme qui laisse sans nourriture la faim spirituelle de l'homme et les aberrations d'un illuminisme sectaire.

Lorque des nourritures frelatées détruisent la santé, nous n'en concluons pas qu'il faut cesser de se nourrir. Une autre voie est possible : remplacer les fausses nourritures par une alimentation saine.

*

L'amour n'est pas un attribut de Dieu. L'amour est Son essence, Sa nature. Personne n'a affirmé l'urgence d'aimer comme Jésus-Christ.

Ce que j'ai appris de plus clair durant mon passage sur cette planète se résume à ceci : certaines personnes ont reçu de l'amour qui leur a permis d'être elles-mêmes et de développer leurs talents pour les mettre au service de la communauté humaine ; d'autres, faute d'amour, se sont laissé détruire. La déprime, la drogue, l'instinct suicidaire, la violence aveugle, l'agressivité, l'énergie meurtrière soulignent l'urgence d'aimer.

*

Évangéliser, c'est témoigner qu'un Dieu Amour a pris possession de nous, que l'amour aura le dernier mot, que l'amour est le commencement et le terme de tout, que l'amour sera notre visa pour l'éternité.

Évangéliser, ce sera aussi dire de quels moyens nous disposons pour réaliser cet idéal.

Comment développer l'estime pour notre prochain ?

Comment traduire l'agressivité comme une blessure ?

Comment pardonner « *soixante-dix fois sept fois* » ?

Comment savoir à quel point Dieu s'identifie au prochain : « *Ce que vous avez fait au plus petit d'entre les miens, c'est à Moi que vous l'avez fait.* »

Les misères du monde se bousculent sur le petit écran. Nous ne pouvons plus dire : « Nous ne savions pas. » Évangéliser, c'est aussi un appel : « Que des milliers de volontaires se lèvent pour alléger le poids du malheur. »

Les jeunes auxquels j'ai suggéré de partir en coopération sont revenus métamorphosés. Ils avaient reçu bien plus qu'ils n'avaient donné. Fini leur sentiment d'exister pour rien. Fini leur défaitisme. Fini leur refus de toute contrainte. Ils ont découvert que le seul bonheur durable était dans le don de soi, l'action solidaire pour faire reculer le malheur.

Beaucoup ont cru que la solidarité épuisait totalement le projet du Christ. Ils se dévouent, travaillent aux « Restos du cœur », rejoignent les organisations humanitaires...

Pourquoi délaisser pour autant la vie intérieure ?

Ils réduisent l'Évangile à une œuvre de solidarité.

« Il fallait pratiquer ceci sans négliger cela. »

L'action généreuse les comble tellement qu'ils en oublient la contemplation. Ils répéteront : « Le Christ, pour moi, c'est les autres ! » Ils sont comme un époux qui penserait : « Je retrouve tellement mon épouse en chacun de mes enfants que je n'ai plus ni le besoin ni l'envie de la voir. Je me dévoue à nos enfants, cela doit bien lui suffire ! »

« La prière ? C'est du temps que je peux mieux employer en allant visiter un malade ou une personne âgée. »

Un jour, à la croisée d'un chemin, ils rencontrent un moine bouddhiste. Leur cœur se met à battre devant des paroles de sagesse et de sérénité. Ils découvrent le silence, la méditation, la sérénité. Ils s'étonnent de leur activisme passé. Ils disent : « L'Évangile m'a déçu ! » Ils ne réalisent pas que ce sont eux qui ont défiguré l'Évangile !

*

L'évangélisation doit souligner le lien vital entre l'action et la contemplation.

« Je suis la vigne, vous êtes les sarments... Sans Moi, vous ne pouvez rien faire... »

Quel sarment serait assez sot pour se retirer du pied de vigne ? C'est un désastre pour un disciple de Jésus d'oublier le lien vivifiant qu'il pourrait avoir avec son Maître.

Nous touchons là à une autre facette du diamant de l'amour : se laisser aimer par Dieu. Permettre à Dieu de nous envelopper de Sa présence. *« Notre cœur n'était-il pas tout brûlant tandis qu'Il nous interprétait les textes des Écritures ? »* (Lc 24, 32.)

« Celui qui demeure en moi et moi en lui portera beaucoup de fruit. Celui qui ne demeure pas en moi est comme un rameau desséché... Comme le Père m'a aimé, je vous ai aimés. Demeurez en mon amour... Je vous ai dit cela pour que ma joie soit en vous et que votre joie soit parfaite » (Jn 15, 5, 6, 9, 10).

La mission d'évangélisation est une histoire d'amour.

Amour, les relations des personnes divines qui ont créé l'humanité dans un débordement de leur joie.

Amour, la relation de Dieu avec nous. *« Je vous appelle amis... Je vous ai choisis. »*

Amour, le message dont nous sommes les prophètes. *« Pour que vous ayez en vous Ma joie dans sa plénitude. »*

Amour, la relation que nous sommes invités à tisser avec ceux que nous voulons rejoindre. C'est votre sourire et votre douceur qui rendront crédible votre message. Si vous dites « aimez-vous » avec un visage triste ou agacé, vous annulez votre parole.

Il s'agit de reconnaître la trace de Dieu en l'autre. L'Esprit-Saint nous a précédés. C'est « l'autre » qui nous fournira les mots pour dire l'extrême beauté de la Bonne Nouvelle.

« L'Église est une réserve de cœur où tout homme sait qu'il sera accueilli, pardonné, non jugé, aimé follement par Dieu » (cardinal Etchegaray). Là où cet accueil manque, aucune chorale, aucune pastorale, aucune catéchèse, aucune beauté liturgique ne pourront masquer le vide !

C'est l'amour que je veux

> « Je crois en Dieu Amour en dépit de tout ce qui semble Le nier. C'est Son être même d'être Amour. C'est Sa substance. Le partage fondamental entre ceux que l'on dit croyants et ceux que l'on nomme ou qui se nomment non-croyants, passe entre les "idolâtres de soi" et les "communiants". Il passe entre ceux qui devant la souffrance des autres se détournent et ceux qui luttent pour les libérer. Il passe entre ceux qui refusent d'aimer et ceux qui aiment. »
>
> ABBÉ PIERRE

Dans le film *Manon des Sources*, tiré d'un roman de Marcel Pagnol, le curé dénonce en chaire l'esprit de commerce de ses paroissiens avec Dieu. Impossible de lire cette page sans entendre l'accent si chaleureux de la Haute-Provence !

« Quand j'étais jeune, nous avions un cousin qui s'appelait Adolphin. Il ne venait jamais nous voir, ni pour les fêtes ni pour les naissances, même pas pour les morts. Mais de temps en temps, j'entendais mon père qui disait : "Tiens, voilà l'Adolphin qui s'amène ! Il doit avoir besoin de quelque chose !"... Au moment de partir, quand il avait embrassé tout le monde, il disait : "À propos, Félicien, tu n'aurais pas une charrue de reste ?"... Ou alors, son cheval avait des coliques. Mon père ne refusait jamais, mais je l'ai souvent entendu dire : "L'Adolphin, c'est pas un beau caractère !"... Eh bien mes amis, ce que vous faites aujourd'hui au Bon Dieu, c'est le coup de l'Adolphin ! Il ne vous voit presque jamais, et brusquement vous arrivez tous, les mains jointes, le regard ému, tout estransinés de foi et de repentir. Allez... Allez... Bande d'Adolphins !... Le Bon Dieu, Il est pas naïf ! Il sait bien que vous êtes là parce que la source ne coule plus !.... Ces prières que vous avez la prétention de Lui faire entendre, ce sont des prières pour les haricots, des oraisons pour les tomates, des alléluias pour les topinambours, des hosannas pour les cougourdes ! Allez, tout ça, c'est des prières adolphines : ça ne peut pas monter au ciel, parce que ça n'a pas plus d'ailes qu'un dindon plumé ! » *(Manon des sources.)*

C'est bien ce que l'on faisait dans le Temple de Jérusalem ! On venait au Temple avec ses sous, et on s'achetait une belle conscience toute neuve, toute propre. Venir pour le plaisir, parce que le cœur déborde de joie, venir prier Dieu par amour, ce n'est pas trop dans nos cordes !

« La Pâque des Juifs était proche et Jésus monta à Jérusalem. Il trouva dans le temple les marchands de bœufs, de brebis et de colombes ainsi que les changeurs qui s'y étaient installés. Alors, s'étant fait un fouet avec des cor-

des, il les chassa tous du temple ainsi que les brebis et les bœufs. Il dispersa la monnaie des changeurs, renversa leurs tables et il dit aux marchands de colombes : « Ôtez tout cela d'ici et ne faites plus de la maison de mon Père une caverne de voleurs » (Jn 2, 13-16).

Dans ses contacts houleux avec les scribes et les pharisiens, Jésus ne cesse de dénoncer ce mercantilisme. Le coup de sang qu'il prend sur le parvis du Temple s'explique par l'importance de l'enjeu. Acheter les bonnes grâces de Dieu avec des sacrifices, « c'est pas d'un beau caractère » !

Des textes juifs de l'époque font état de taux de change très défavorables pour les Juifs venus de l'étranger. Ce bénéfice sur le dos des pauvres, pratiqué dans le Temple, n'était ni très propre ni très généreux.

Jésus, familier des Écritures, a sans doute réalisé à quel point cette forme de culte avait fait son temps. On était passé, avec Abraham, du sacrifice de son propre enfant à celui d'un mouton, mais c'était toujours du sang ! J'ai assisté souvent, en Afrique et en Inde, à des égorgements d'animaux, lors de rites religieux ! Il n'est pas facile de voir en quoi ce carnage peut réjouir le cœur de Dieu !

Jésus se souvient des Psaumes :

« Qu'ai-je à faire avec la viande de tes taureaux ?
Le sang des boucs, vais-Je le boire ?
Offre plutôt à Dieu un sacrifice de gratitude…
… Appelle-moi, lorsque l'angoisse te saisit ! » (Ps 50, 13-15.)

« Tu n'as voulu ni sacrifice ni holocauste,
alors j'ai dit : "Je viens faire ta volonté" » (Ps 39, 7-8).

Jésus se souvient d'un propos de son Père s'adressant au peuple par la bouche de Jérémie :

« Ainsi parle le Dieu d'Israël. Améliorez vos chemins et vos actes…
Arrêtez de répéter : "Le Temple de Dieu, le Temple de Dieu…"
Si vous améliorez réellement votre conduite et vos actes…
si vous avez du respect pour l'étranger, pour l'orphelin, pour la veuve,
si vous ne faites par couler dans le Temple le sang de l'innocent,
si vous n'êtes pas à la remorque des idoles pour votre malheur,
alors Je resterai avec vous en ce lieu…
Quoi ! Voler, tuer, prendre l'épouse du prochain,
se parjurer, encenser les idoles
et ensuite, vous venez vous présenter devant moi,
en ce Temple qui porte mon Nom,
et vous dites : "Nous sommes protégés !"
Est-ce une caverne de voleurs, ce Temple qui porte mon Nom ? »

(Jr 7, 3-11.)

Lorsque la religion sert de caution à l'absence de cœur envers le prochain, Jésus prend feu. *« Le zèle de la Maison de Dieu me brûle »* (Jn 2, 17). Il s'indigne avec moins de violence que le Dieu d'Israël, mais c'est bien dans la même ligne et pour les mêmes raisons. Dieu ne supporte pas que l'on abîme un homme. Le

Maître des mondes a de quoi Se fâcher lorsqu'on méprise un être humain à l'ombre du Temple. Nous retrouvons le même cri dans de nombreux textes d'Isaïe, Osée, Amos, Ezéchiel...

> « *Ce peuple m'honore des lèvres, mais son cœur est loin de moi.*
> *Stérile est le culte qu'il Me rende !* » (Is 29, 13.)
> « *Vos mortifications, vos jeûnes ne signifient rien.*
> *Ce qui me plairait, c'est que vous fassiez tomber tous les jougs, toutes les aliénations.*
> *Allez au secours des affamés. Hébergez les sans-domicile.*
> *Habillez ceux qui n'ont rien pour se couvrir l'hiver...*
> *Ne te dérobe pas devant ton semblable. Va au secours de l'humilié !* (Is 58.)
> *Non ! La main de Dieu n'est pas trop courte pour sauver.*
> *Non ! L'oreille de Dieu n'est pas trop dure pour entendre.*
> *Mais vos infidélités ont creusé un abîme entre vous et votre Dieu...*
> *Vous avez du sang plein les mains...*
> *Vous avez des calomnies plein la bouche !* » (Is 58, 4 - 59, 4.)

En agissant comme il le fait ce jour-là sur le parvis du Temple, Jésus agit comme les grands prophètes. Il envoie un message en direction du peuple et du clergé. Que de fois Il s'est trouvé confronté aux prêtres du Temple ! Il a tenté — pour les guérir — de leur faire comprendre leur infidélité. Ces prêtres sont obsédés par les points les plus secondaires de la Loi, mais ni le bonheur des hommes ni leurs souffrances ne les touchent. Le Christ les appelle des *« filtreurs de moustiques »* et des *« avaleurs de chameaux »*. Les moustiques représentent les détails de la Loi. Les chameaux symbolisent la Justice, la Miséricorde et l'Authenticité.

Dans une roue, il y a le moyeu et les rayons. Ces prêtres ont mis les rayons à la place du moyeu. Ils ne voient pas l'esprit de la Torah. Jésus a beau leur rappeler que *« Le sabbat est fait pour l'homme, et non l'homme pour le sabbat »* (Mc 2, 27), ils sont sourds. Ils sont prisonniers de la lettre et la lettre tue. Elle tue ceux qui s'en servent à leur profit. Elle tue ceux contre lesquels ils l'utilisent.

Quelle audace lorsque Jésus raconte la parabole du blessé sur la route de Jéricho ! Quoi ! un prêtre et un lévite sont passés sans s'arrêter à côté de l'homme blessé ? Cette accusation est sévère. Mais il y va de tout. Ces hommes obsédés de pureté rituelle ne se sentaient pas le droit de s'approcher du malheureux blessé ! Ils ont vu un demi-mort là où il y avait un demi-vivant !

Si la piété étouffe la pitié, la religion est morte. Pire : elle fait mourir. Si Dieu est contre l'homme, alors les athées ont raison : Dieu n'existe pas.

*

Préparant les douzièmes Journées mondiales de la jeunesse, le 18 août 1997 à Paris, Jean-Paul II s'adressait aux jeunes : « Jésus demeure à côté de vous, dans les frères avec lesquels vous partagez l'existence quotidienne. Son visage est celui des plus pauvres, des marginaux, souvent victimes d'un modèle de développement injuste, qui met le profit à la première place et fait de l'homme un moyen plutôt qu'un but. La maison de Jésus est partout où un homme souffre parce que ses droits ont été niés, ses espoirs trahis, ses angoisses ignorées. C'est là, parmi les hommes, que se trouve la maison du Christ, qui vous demande d'essuyer, en son nom, toute larme. »

Lorsque les évêques fulminent contre la xénophobie, la peur de l'immigré, le manque d'accueil envers l'étranger, on leur dit : « Occupez-vous de vos oignons ! » On veut les enfermer dans le Temple. Comment ne voit-on pas qu'ils désirent seulement être fidèles à leur mission : ne pas laisser l'enseignement des prophètes et l'Évangile sous un napperon de sacristie ?

Lorsque nous tenterons de nous cacher derrière la religion pour mettre à l'abri notre autoritarisme, lorsque nous donnerons des arguments religieux à notre propension à humilier et à notre non-assistance à personne en danger, nous trouverons les prophètes de la Première Alliance et Jésus-Christ en travers de notre chemin.

« Quels signes montres-tu pour agir ainsi ? », demandent les gardiens du temple. L'élan d'indignation de Jésus devant les changeurs de monnaie leur est apparu comme une provocation. *« Vous n'êtes pas prêts à entendre la réponse »*, semble dire Jésus. *« Vous n'avez qu'une hâte : me faire taire. » « Eh bien, lorsqu'on aura détruit le Temple, il me faudra trois jours pour le rebâtir ! »* Bientôt, en effet, Jésus sera froidement éliminé, avec la complicité de l'occupant romain. La caste sacerdotale ne supporte plus d'être démasquée.

Trente-six ans plus tard, le temple sera détruit par les soldats de Titus. Il ne sera plus jamais reconstruit. « *Ce n'est ni à Jérusalem ni sur le Mont Garizim que vous adorerez, mais en esprit et vérité* » (Jn 4, 21). Le Temple, ce sera désormais le corps du Christ ressuscité, en qui habite la plénitude de la divinité. Le Temple nouveau, ce sera le cœur de chaque homme. « *Celui qui M'aime, Mon Père et Moi, Nous viendrons à lui ; en lui Nous ferons notre demeure !* »

Un texte de Sylvie Germain décrit bien la psychologie de ceux qui ont été scandalisés par le Christ au point de n'avoir plus qu'une pensée : en finir avec lui. « Tout intégrisme a horreur du mouvement, de l'ombre, de l'errance et du silence ; le fanatisme exècre l'étonnement et l'inquiétude de la pensée, le mystère et l'inachevé. Il leur faut du robuste, du tranché net et de l'immuable. Ils ont besoin, par indigence d'âme et d'esprit, d'un prêt-à-croire bien ourlé et boutonné, garanti pure vérité, doublé haine et le tout amidonné de bonne conscience. »

*

Jean-Paul II s'est fait l'inspirateur d'un vaste mouvement de repentir. Du trafic d'esclaves à l'antisémitisme, des croisades à l'Inquisition, de Galilée à Luther, ce sont toutes les ombres qui planent sur l'histoire de la chrétienté que le pape a voulu passer au crible de l'Évangile.

Si la propension à utiliser la religion pour de basses besognes guette même les meilleurs, alors le coup de sang de Jésus sur l'esplanade du Temple devient lourd de signification.

Arrêtons de mettre Dieu dans notre camp. Cessons de dire : « Dieu est avec nous », et de faire exactement le contraire de ce qu'Il désire.

Au sein de la confrérie des pharisiens, certains savaient avec humour distinguer quelques différences entre eux. Le Talmud, un texte juif qui fait autorité, rédigé un ou deux siècles après J.-C., évoque une échelle de comportements. Il y a :

« ◆ Les pharisiens de l'amour qui agissent comme Abraham : ceux-là sont les vrais.

◆ Les pharisiens de la crainte, comme Job.

◆ Les scrupuleux qui se demandent : "Quel péché caché ai-je commis pour le compenser par une bonne action ?"

◆ Les économes qui se demandent : "Quelles choses vais-je accomplir pour augmenter mes mérites ?"

◆ Les calculateurs qui se disent : "J'ai à mon actif beaucoup de mérites, je peux m'offrir un délit."

◆ Les traînards, prétextant un précepte urgent pour retarder la paie des ouvriers.

◆ Les forts d'épaule, écrivant leurs actions sur leur dos pour se faire honorer. »

*

Jésus se comporte comme un médecin qui cherche à guérir l'homme de son mal. Il est confronté à deux types de maladies : celle de la faiblesse et celle de l'orgueil.

Maladies de faiblesse : publicains, prostituées, femmes adultères, et tous ceux qui l'ont trahi, savent comment Jésus se comporte à leur égard. *« Pierre, m'aimes-tu ? »* Ces hommes et ces femmes se sont trompés de chemin. Ils se heurtent aux faux bonheurs. Ils sont malheureux. Ceux-là, du fond de leur détresse, attendent un salut. L'Évangile souligne : *« Les publicains et les prostituées se pressaient pour entendre Jésus »* (Lc 15, 1).

Fénelon disait : « Profitez de vos fautes. Elles seront plus utiles en vous rabaissant à vos propres yeux que vos bonnes œuvres en vous consolant. » Nos faiblesses morales peuvent nous faire perdre courage. Nous pensons : « Dieu ne peut plus m'aimer. Je n'en suis plus digne. » Il faut entendre alors ce mot de saint Jean : *« Si ton cœur te condamne, n'oublie pas que Dieu est plus grand que ton cœur »* (1 Jn 3, 20).

Maladies de l'orgueil. À l'égard des pharisiens « recherchant les honneurs », « calculateurs » ou « économes », comment se comporte le médecin Jésus ? Il n'aura pas de mots assez forts pour faire tomber leurs masques. Il s'agit de les démystifier, de retirer les splendides draperies qui cachent leur misère. Jésus les aime, eux aussi. Un chirurgien aime-t-il moins un malade atteint de gangrène et inconscient de la gravité de sa situation ?

Les pharisiens engagent la polémique. Les Évangiles nous les montrent constamment *« en train d'épier Jésus..., afin de trouver de quoi l'accuser »* (Lc 6, 7). Le moindre épi de blé froissé par ses disciples le jour du sabbat devient un crime à leurs yeux (Mt 12, 1). Ces hommes se transforment en dénicheurs de coupables. Jésus ne se console pas de ce gâchis. Ces hommes s'écoutent prier. Ils ne cessent de s'admirer devant un miroir. Ils vont et viennent sur les places publiques à la recherche de compliments flatteurs. Ils sont en réalité pitoyables. Ils ont vidé toutes les valeurs de leur signification en les hissant à la hauteur d'un absolu : le sabbat pour le sabbat, la liturgie pour le décor, le jeûne pour se faire admirer, la vertu pour augmenter leurs mérites.

Que l'on me pardonne un jeu de mots : la vocation des pharisiens était d'être des « phares ». Ces phares n'indiquent plus le port. Ils mènent ceux qui les regardent vers des récifs. C'est bien le sens exact du mot *scandaliser* que Jésus emploie à leur sujet. Ils empêchent les petits et les pécheurs de croire à la tendresse de Dieu : *« Sépulcres blanchis », « race de vipères ». « Il vaudrait mieux que l'on attache à ceux-là une meule de moulin et qu'on les précipite à la mer »* (Mt 18, 6). Jamais on n'a désigné ce mal avec une telle sévérité. Comprenons bien : l'enjeu est de taille. La mission de Jésus est de révéler le nom de Dieu. Est-Il Amour ou est-Il rigorisme ?

Jésus, l'Absolu à visage humain, veut tendre la main à ceux qui se noient : adultères, voleurs, prostituées, publicains, brebis galeuses, brebis perdues, possédés, collecteurs véreux, fils prodigues... Les gardiens du temple de la vertu sont bien décidés à lui barrer la route. On ne badine pas avec ces choses-là. Où iraiton si on se laissait attendrir devant les larmes d'une fille de joie ? *« Si cet homme était un prophète, il saurait qui est cette femme qui le touche ! »* (Lc 7, 39). Ils sont horrifiés en voyant Jésus se laisser oindre les pieds avec du parfum par une prostituée à la chevelure dénouée !

Un jour, Jésus prétend guérir un lépreux dans une synagogue. Ce jour est « tabou ». Il s'agit du sabbat. Interdiction de bouger le petit doigt. Deux absolus s'affrontent, deux indignations sont là, face à face : des pharisiens pour qui rien n'est plus sacré que la lettre de la Loi, et Jésus pour qui rien n'est plus sacré que l'homme qui souffre. Ce jour-là, *« Jésus dévisagea l'assemblée d'un regard de colère, effaré de leur dureté de cœur ! »*

Tout au long des Évangiles deux conceptions de Dieu s'opposent, inconciliables : Dieu, maître souverain, juge sévère, maintenant les coupables dans la honte et Dieu « très bas ». *« Je vous appelle mes amis, car je vous ai dit tout ce que j'ai entendu de mon Père. »* Il a entendu qu'il y a *« plus de joie pour un seul pécheur qui reconnaît ses fautes que pour quatre-vingt-dix-neuf justes ».*

Les pharisiens dont nous parlent les Évangiles sont fiers d'être des surdoués de la vertu. Sûrs de posséder la vérité sur Dieu, ils transforment la religion en instrument de pouvoir.

*

La seule intolérance qui soit tolérable est celle de l'amour. L'amour ne peut tolérer que l'on humilie. L'amour ne peut accepter que l'on rabaisse un homme, surtout lorsque ce manque de respect s'accomplit au nom de Dieu. Jésus pressent que bientôt ces hommes acharnés vont le bâillonner, l'empêcher de livrer son message. Il se dépêche d'en appeler à leur conscience.

Déjà, à leur sujet, le Dieu de la Première Alliance disait : *« Et Moi, Je pleurerai en secret votre orgueil. »*

Devant leur indignation, Jésus contre-attaque : *« Vous filtrez le moustique et vous avalez le chameau ! » « Vous avez retiré la clef de la connaissance. Non seulement vous n'entrez pas, mais vous empêchez les autres d'entrer ! »* (Lc 11, 52.) Ces hommes L'ont déjà condamné à mort. Jésus est en sursis. L'intégrisme va bientôt L'éliminer, comme il éliminera tous les déviants lorsqu'il aura le pouvoir.

L'idolâtrie et le pharisaïsme du « septième » ou du « huitième » degré sont de toujours. Deux mille ans après J.-C., ils ne se sont jamais si bien portés. Ce ne sont pas les hommes qui en véhiculent les germes qui sont à blâmer. Laissons à Dieu ce soin. Lui Seul *« sonde les reins et les cœurs »*. Mais ces germes sont à identifier, toute affaire cessante. Ils sont à repérer en nous-mêmes d'abord. Comment devient-on un idolâtre du prestige et de la notoriété ? Comment devient-on le gardien du temple des faux absolus ? Comment devient-on un coupeur de cheveux en quatre, un maniaque de la tradition, un tatillon fouineur de poux dans les têtes ? Comment devient-on un redresseur de torts qui se prend au sérieux ? Et si l'esprit de sérieux nous guettait tous, avec ses prétentions, ses mesquineries, ses fatuités ? Et si nous rêvions tous de nous ériger en juges ?

J'ai vu un jour un prêtre de quatre-vingts ans se faire houspiller avec un mépris impressionnant parce qu'il n'avait pas mis un petit carré de tissu blanc (amict) sous le col de son aube. Ce n'était pas un sacristain mais un prêtre qui accablait ainsi de reproches son frère dans le sacerdoce, à trente mètres du lieu où Jésus-Christ se tient, ressuscité.

La tentation de l'orgueil est la plus subtile et la plus destructrice. On n'aperçoit pas le mal dont on est atteint. Le Messie qui Se révèle à Jean dans l'Apocalypse dira à la communauté chrétienne de Laodicée : « *Que n'es-tu froide ou brûlante !... Tu dis : "Je suis riche. Je me suis enrichie. Je ne manque de rien." Mais tu ne sais pas que tu es misérable, pitoyable, pauvre, aveugle et nue* » (Ap 3, 15-17).

Ce n'est pas tant le ridicule de la vanité qui fait de l'orgueil un désastre. L'orgueil donne le goût d'exercer une emprise sur les autres. La relation d'amour est menacée. Au lieu d'aider l'autre à exister dans sa différence, tu le rabaisses. Il devient laid dans tes yeux. Lorsqu'il sera trop indésirable, si tu possèdes une parcelle d'autorité, tu n'auras plus aucun scrupule à l'éliminer, à lui retirer son poste, sa raison de vivre.

Lorsque nous donnons une parcelle de pouvoir à des êtres qui prennent Dieu pour leur propriété, nous signons notre propre condamnation. Les tyrans, idolâtres d'eux-mêmes, n'ont tenu leur puissance que du paganisme de leurs sujets. Que d'Hitler et de Staline « au petit pied » dans les humiliations ordinaires des hommes ! Que de « petits chefs », détenteurs d'un atome d'autorité, font plier les genoux de leur conjoint ou de leurs enfants, de leurs élèves ou de leurs coéquipiers, de leurs ouvriers ou de leurs administrés !

Les pharisiens accablèrent d'injures un infirme, aveugle de naissance, qui prétendait avoir été guéri par Jésus. « *De naissance, tu n'es que péché.* »

Nous sommes là, au royaume du prince de ce monde, l'esprit d'anti-Amour, orfèvre pour engendrer le plus de gâchis et le plus de souffrances possible. C'est pourquoi Jésus dira à des pharisiens de « huitième catégorie » : *« Vous avez pour père Satan. Il est menteur et père du mensonge. Ce sont les désirs de votre père que vous voulez accomplir. Depuis l'origine, ce fut un homicide… »* (Jn 8, 44).

Pouvons-nous imaginer la joie du Christ lorsqu'un pharisien, Saül de Tarse, chef spécialisé dans l'élimination des impurs, prononcera, un jour, cette prière : « Mon Dieu, prends pitié du pharisien que je suis… » ?

Silence de Dieu ou surdité des hommes ?

> « Depuis le temps que J'écoute les hommes Me prier, J'aimerais tant que les hommes écoutent Ma prière. »
>
> Sketch de Michel BOUJENAH

Dans les negro spirituals, ces chants religieux des Noirs américains, il est sans cesse question du Jourdain. Le fleuve Jourdain, c'est le dernier passage à franchir avant l'entrée en Terre promise. Dans les spirituals, on ne dit pas « mourir », on dit « passer sur l'autre rive du Jourdain ».

C'est dans les eaux du Jourdain que Naaman le Syrien fut guéri de la lèpre. *« Sa peau,* dit le deuxième Livre des Rois, *redevint comme celle d'un petit enfant. »*

Jérusalem a envoyé vers Jean le Baptiste au bord du Jourdain une délégation composée de prêtres, de lévites, de pharisiens. Avec insistance, quatre fois, ils lui posent la question : *« Qui es-tu ?... Que dis-tu de toi-même ? »* Le Messie, objet de tous les rêves, de toutes les attentes, est-ce que ce ne serait pas toi, Jean ?

Vous y êtes presque... Vous brûlez... « *Je ne suis pas le Messie,* répond Jean le Baptiste, *mais je suis là pour préparer Sa venue. Elle est imminente. En effet, Il est déjà là au milieu de vous, mais vous ne saurez pas Le reconnaître, à moins de naître de nouveau.* » Le baptême que donne Jean est le symbole de cette nouvelle naissance.

De quelle sorte de gens se compose la foule qui vient vers le Baptiste ? Ce sont les parias de l'époque, les moins bien placés sur l'échelle des vertus. Bientôt, Luc nous dira : « *Les publicains et les pécheurs se pressaient pour écouter Jésus.* »

Les fautes de faiblesse tellement dénoncées par l'élite religieuse peuvent avoir un goût de cendre et provoquer un cri : « Sauve-nous ! » L'orgueil de ceux qui se croient indemnes de toute lèpre est une blessure plus grave parce qu'elle ferme les cœurs.

« C'est un fait : le pécheur du fond de ses turpitudes, le pécheur honteux de ses faiblesses et titubant de chute en chute semble parfois plus proche de Dieu, ou du moins plus disposé à crier vers Dieu que l'agnostique installé dans la sagesse » (P. H. Simon).

« *Que devons-nous faire ?* » demandent les publicains et les pécheurs. Jean-Baptiste aurait pu donner la même réponse que celle de Jésus au jeune homme riche qui, bientôt, lui posera la même question. Jésus répond par une autre interrogation : « *Qu'y a-t-il d'écrit dans la Torah ?* » Et le jeune homme récite ce qu'il a appris : « *Tu aimeras le Seigneur ton Dieu de toute ton âme, de tout ton esprit, de toutes tes forces et tu aimeras ton pro-*

chain comme toi-même. » On peut s'étonner que Jean-Baptiste choisisse le deuxième volet de cette exigence dont les deux termes sont indissociables. Peut-être veut-il dire : « Essayez donc d'aimer votre prochain. Essayez de le respecter. Essayez de regarder les roses avant de dénoncer les épines, vous verrez si vous ne prenez pas alors la mesure de votre pauvreté et de votre besoin d'un Sauveur ! »

*

Vous avez choisi d'aimer, vous avez compris que, sans amour, le monde courait à sa perte, mais vous n'y parvenez pas. Vous vous demandez s'il existe quelque part une fontaine d'eau claire où des énergies de générosité pourraient vous abreuver sans s'épuiser ! C'est dans ce manque, dans ce creux, que le Messie peut trouver une place. Comme dans *Suzanne*, une chanson de Léonard Cohen : « Du haut de sa tour de guet, Jésus pensait que seuls ceux qui se noient pouvaient le comprendre. »

Lorsque le jeune François Bernadone était le héros de la fête, adulé par les jeunes filles d'Assise, Dieu était le cadet de ses soucis. Lorsqu'il est revenu blessé de la prison de Pérouse, une brèche s'est ouverte ; il pouvait L'entendre lui dire : « Viens, François, J'ai besoin de toi. Sauve mon Église qui tombe en ruine ! »

Ce sera toujours une faim d'amour qui te fera rencontrer le Messie. Les soldats de l'armée romaine d'occupation posent la même question à Jean-Baptiste. Ils en ont assez de commettre des exactions et de faire sentir leur pouvoir. Vivre, c'est peut-être autre chose !

Et Zachée, bientôt, montrera qu'il a entendu le message de Jean : « Si tu veux accueillir la visite du Messie, fais donc un peu de place dans ton cœur. Tu ne peux pas rechercher en même temps l'amour de l'argent et l'amour de l'amour. La soif de l'argent chasse le désir de l'Essentiel. »

Jean-Baptiste montre les chemins de la générosité. La tendresse ne se nourrit pas d'états d'âme. L'amour est concret. Il se conjugue au présent. Il se vit au quotidien. À chaque situation correspond une manière d'aimer. L'amour commencera toujours par le respect !

Dans ce lieu de passage entre Israël et la Jordanie, là où les Anglais ont construit le pont Allenby, à ce carrefour des caravanes, le prophète Jean le Baptiste criait : « Il y a urgence ! Un événement se prépare. Ne passez pas à côté de la vie. Ne passez pas à côté de celui qui vient. Il vous donnera le goût du bonheur véritable… Il vient accomplir les promesses qui, de Baruch à Isaïe, d'Ezéchiel à Jérémie, ont jalonné l'attente du peuple hébreu. » *« Jérusalem, quitte ta robe de tristesse et de misère ! Revêts la parure de la Gloire de Dieu pour toujours… Dieu met sur ta tête le diadème de la Gloire ! »* (Ba 5, 1-3.)

Jean-Baptiste a une tâche précise. Il est un éveilleur. Il prépare les cœurs à la visite prochaine du Messie. On pourrait s'attendre à ce que son message soit : « Priez ! Méditez ! Jeûnez ! » J'ai connu, il y a huit ans, en Afrique du Sud, des Blancs qui désertaient leur église : « On y parle trop des droits de l'homme et pas assez de la prière. Maintenant, dans le groupe où nous allons, on parle de Dieu, un point, c'est tout ! »

Religions hémiplégiques, dévotions affaiblissantes, cultes déshumanisants : ces spiritualités qui croient honorer Dieu en laissant Ses enfants humiliés, mutilés ! L'humanisme athée s'est construit sur cette imposture. « Montre-moi ton homme, je verrai qui est ton Dieu ! »

Jean-Baptiste annonçait la venue de Jésus. Mais sept cents ans ont préparé la venue de Jean-Baptiste. À travers la bouche d'Isaïe, Dieu parlait : *« Les hommes Me cherchent. Ils désirent connaître Mes chemins… Ils désirent que Je sois proche. Pourquoi faire pénitence ? Tu l'ignores, disent-ils. Tes jeûnes s'accompagnent de disputes et de querelles. Je vais vous dire le jeûne qui Me plairait vraiment : "Libère les enchaînés. Fais cesser toutes les aliénations."* » « Arrêtez ! Arrêtez tout ce qui fait mourir ! » *« Partage la nourriture avec celui qui a faim, ton toit avec le sans-abri, ton vêtement avec celui qui n'en a pas. Ne te dérobe pas aux souffrances de celui qui est ton propre toi-même. Alors, la lumière poindra comme une aurore. Alors, tes blessures seront cicatrisées. Alors, Dieu sera à tes côtés. Alors, Il te répondra. Alors, tes ombres deviendront plein midi ! »* (Is 58, 4-10).

Ces paroles sont décisives. Elles sont au cœur de la Première Alliance. Rien ne pourra les effacer. Il nous faut *« les attacher sur nos fronts et sur nos bras »* (nos pensées et nos actes), pour ne jamais les oublier.

Aujourd'hui, un certain courant ésotérique se développe qui ne voit que des symboles dans les pages de la Bible. Comme si la « Parole » de Dieu faisait de l'ombre à Son « Être », comme si l'écoute et la relation faisaient de l'ombre à « l'expérience spirituelle ». Dieu n'est plus alors « Quelqu'un » qui cherche à nouer avec toi un lien de confiance et de tendresse. Il devient un océan d'Être dans lequel fusionneront un jour tous les vivants.

J'ai connu en Inde, il y a trente ans, un séminariste français qui, au contact des livres sacrés hindous, découvrit, ébloui, une conception de l'Absolu au-delà de toute contingence, au-delà du temps. « Le Dieu de la Bible est trop immergé dans l'Histoire, trop éclaboussé par les turpitudes humaines », me disait-il. C'était au cours d'un pèlerinage au dieu Shiva, représenté par un sexe de glace dans les Himalayas. Il voulait prendre un raccourci pour aller à Dieu : l'ascétisme le plus radical, la pauvreté et la solitude les plus totales. La recherche, toutes affaires cessantes, de l'harmonie intérieure et de la sérénité. Aujourd'hui, Marc a disparu. Je ne dirai pas « corps et biens », il ne possédait plus rien.

Le message de l'Inde propose plusieurs chemins pour aller vers l'Ultime. En voici un qui n'est pas loin de l'Évangile : il était une fois un brahmane qui était très pieux. Il partait au temple tous les matins avec son panier d'offrandes. Un jour, il dit dans sa prière : « Seigneur, je viens Te rendre visite chaque jour. Et Toi, si Tu venais dans ma maison ? » Le brahmane entendit clairement dans son cœur : « Demain, Je viens chez toi ! » Quelle joie pour lui. Son cœur était en fête. Il chantait : « Dieu va me rendre visite ! » Il lava sa maison à grande eau, confectionna des guirlandes de feuilles de manguier, traça sur le sol des dessins de poudres de couleur, prépara des gâteaux et des corbeilles de fruits.

L'heure de l'office matinal arriva. Un gamin crasseux s'approcha et quémanda une galette. Furieux de son audace, le brahmane lui cria : « Vas-tu filer, moucheron ! Ces galettes sont à Dieu. » La matinée s'écoula. « Dieu viendra après le culte de midi », pensa le brahmane un peu dépité ! Un paria mendiant arriva, qui demanda à boire. Le brahmane se mit en colère : « Tout ici est préparé pour la divinité ! Va-t'en ! » Et vite il nettoya le sol souillé par le passage du paria. Le soir tomba. Le brahmane était triste. Un pèlerin s'approcha et demanda la permission de dormir sur le banc devant la porte. « Jamais de la vie, ce banc est réservé pour un visiteur de marque ! »

Le lendemain, le brahmane partit pour le temple comme à son habitude. « Pourquoi n'as-Tu pas tenu Ta promesse, Seigneur ! Pourquoi ? » Des larmes coulèrent sur sa joue. Il entendit clairement au fond de son cœur : « Trois fois, Je suis venu. Trois fois, tu M'as mis dehors ! »

Tu n'es pas plus proche de Dieu que tu ne l'es de ton semblable. Ici convergent les grandes religions. C'est leur point de ralliement. Depuis la grande réunion d'Assise (octobre 1986), je m'en rends compte de plus en plus à chaque rassemblement interreligieux.

Récemment, j'écoutais l'humoriste juif Michel Boujenah. Il faisait parler Dieu. « Je passe l'Éternité à répondre aux prières des hommes. Ce sont des sourds ! On parle du silence de Dieu, jamais de la surdité des hommes… Je leur crie : “Arrêtez ! Arrêtez ! Posez ces fusils !” Ils continuent… Qu'est-ce que j'ai fait aux hommes pour mériter ça ? Depuis le temps que

J'écoute les hommes prier, J'aimerais tellement que les hommes écoutent Ma prière ! »

Dans une revue, ce clown mystique ajoutait : « Dieu n'est ni sourd ni muet. Il a la voix cassée. Il est mort de fatigue à force de gueuler dans nos oreilles bouchées. »

Ce Dieu-là n'est pas amoindri d'attendre à la porte de Sa créature. « L'au-delà de Tout » n'est pas une énergie cosmique semblable à un énorme cumulonimbus répandant ses atomes dans l'espace. Celui que les uns nomment l'Ultime et d'autres le Grand Patron est un amoureux blessé par notre indifférence. *« Mon peuple a échangé sa gloire contre l'impuissance. Cieux, soyez-en étonnés, stupéfaits, pris d'une énorme épouvante... C'est une double trahison que Mon peuple a commise. Ils M'ont abandonné, Moi, la source des eaux vives pour se creuser des citernes fêlées qui ne gardent pas l'eau... »* (Jr 2, 11-13) *« Et Moi qui M'étais dit que Je te mettrai au rang de fils... J'avais pensé : Tu M'appelleras "Mon Père" et tu ne te sépareras pas de Moi »* (Jr 3, 19).

*

Jésus, lors de son premier discours à Capharnaüm, cite un verset du prophète Isaïe : *« Il m'a envoyé réconforter les humiliés, leur donner un diadème au lieu de cendres, le parfum de la joie à la place du deuil, la parure de louange au lieu du désespoir ! »* (Is 61, 3).

Est-ce là le Dieu poussiéreux et triste que rejette, avec un entêtement de forcené, l'athée le plus célèbre, Frédéric Nietzsche ? Pour lui, le slogan des prêtres est :

« Rendons l'homme malheureux ! » Pour lui, l'Église n'a qu'une seule ambition : faire souffrir les croyants.

« La notion chrétienne de Dieu : Dieu comme araignée. Dieu dégénéré jusqu'à être en contradiction avec la vie, au lieu d'en être la glorification et l'éternelle affirmation. Déclarer la guerre, au nom de Dieu, à la vie, à la nature, à la volonté de vivre » (Nietzsche).

Il y a eu sans aucun doute — et il y aura encore — des chrétiens tristes. Mais leur tristesse ne provient pas de leur foi en Jésus-Christ. La tristesse leur vient d'avoir été bernés par une caricature. Le dieu masochiste, rêvant de répandre partout son goût morbide de la souffrance, ne se trouve pas dans les Évangiles. Le mot « évangile » veut dire « bonne nouvelle ». Jésus parle des béatitudes. Il chante le bonheur d'aimer, la jubilation d'être tellement aimé : *« Le Père et moi, nous sommes Un… Comme Il m'a aimé, Je vous ai aimés… Je suis venu vous apporter la plénitude de ma joie ! »*

D'où vient le malentendu tragique entre Celui qui est la Source éternelle de toute vie et Sa créature bien-aimée ? Qui protestera contre ce « faux » ? Comment rendre compte du gouffre qui sépare un Dieu fulgurant de beauté et Son image falsifiée ?

N'y a-t-il pas chez les athées une indignation qui pourrait purifier notre regard ? Ne sommes-nous pas invités à combler les ornières, à faire tomber des montagnes de préjugés ?

Est-il tellement difficile de réaliser comment Dieu S'y prend, de découvrir comment Il travaille de toutes Ses forces pour que nous puissions nous accomplir ?

Vous connaissez la légende dans laquelle un prince amoureux d'une princesse doit terrasser sept dragons pour obtenir, en échange, la main de la bien-aimée. Aucun risque, aucun défi, aucune aventure ne lui sembleront démesurés tant est grand son désir.

Dieu Lui-même Se donne à épouser. Lorsque nous serons passés sur « l'autre rive », lorsque nous aurons franchi le Jourdain, la lutte contre « tous les dragons de notre vie » ne nous semblera pas avoir été d'un prix exorbitant.

Même si nous vivions ici-bas cent mille ans, la vie sur la planète, notre première vie, ce stage terrestre ne représenterait pas le millionième de notre existence. Le temps actuel nous permet d'accorder notre cœur aux *« masses éternelles de gloire que Dieu a préparées pour nous »* (Rm 8, 18). Durant ce temps terrestre, Dieu a remis Sa Toute-Puissance entre nos mains. Notre paresse et nos démissions freinent ou limitent Son action ! Nous prétendons qu'Il est manchot, alors qu'Il nous avait prévus pour être Son bras.

Tout au long des soixante-treize livres de la Bible, Dieu Se révèle comme un Dieu qui prie l'homme. Il en est rarement exaucé. C'est un Dieu blessé dans Ses « entrailles de mère » (de *Rahamim*), parce que Ses enfants souffrent. Il éveille, Il appelle. Mais pour un Moïse, pour un Jean-Baptiste, combien de déserteurs ! Il invite, mais combien se dérobent !

Dieu a besoin d'intermédiaires. Sa faiblesse est sans bornes puisqu'Il nous a faits les dépositaires de Sa force. Dieu ne permet pas le mal. Les hommes, eux, parfois le permettent ! Dans le roman *L'Œuvre au noir*,

Marguerite Yourcenar fait parler un moine du XVIe siècle : « Dieu Se délègue. Peut-être n'est-Il, dans nos mains, qu'une petite flamme qu'il dépend de nous d'alimenter et de ne pas laisser éteindre... Combien de malheureux qu'indigne la notion de Son omnipotence accourraient du fond de leur détresse si on leur demandait de venir en aide à la faiblesse de Dieu ? Sur cette terre où Il a marché, comment L'avons-nous vu si ce n'est comme un innocent sur la paille, comme un vagabond n'ayant pas une pierre où reposer sa tête, comme un supplicié pendu à un carrefour ? Chacun de nous est bien faible, mais c'est une consolation de penser qu'Il est plus impuissant et plus découragé encore et que c'est à nous de L'engendrer et de Le sauver dans Ses créatures. »

Je reçois aujourd'hui la lettre d'un ami. Après treize ans de séminaire chez les jésuites, il est devenu prêtre. Puis a perdu la foi à force d'entendre les douleurs de ses frères humains. Voici quelques passages d'une de ses lettres :

« Nous sommes aimés par un Dieu et par là notre vie prend un sens. À ces mots paraît se résumer ta prédication.

« Mais ce Dieu, fût-Il Père, pur amour, Ses fils, aujourd'hui éveillés, Le jugent à Ses œuvres. Ils jugent l'arbre à ses fruits. Comment faire autrement ?

« Or ce Dieu, s'il est Dieu, ne peut être l'auteur de ce monde. Un monde pétri de mal. Où tout être vivant ne subsiste qu'à manger un autre être vivant, et de ce fait vit dans la peur. Où l'homme, affolé, mis en rivalité, est lui-même condamné à provoquer la violence et le mal.

« Et même quand il veut faire le bien, les ONG, les missionnaires, les militants communistes), quoi que l'on fasse, le bien a pour envers le mal. La naissance même du petit Jésus occasionne le massacre des Saints Innocents. Voilà une chose à méditer.

« Si un Dieu pur amour est l'auteur du monde, il ne Lui reste qu'à Se repentir de l'avoir fait tel qu'il est, plein d'horreurs parmi tant de merveilles. Il Lui reste à demander pardon aux hommes de les avoir logés dans ce loft. Le but dernier (le ciel) ne pouvant justifier les moyens (violence, souffrance, mort, etc.).

« Cette demande de pardon aux humains serait le sens que je donnerais au sacrifice du Christ si j'étais chrétien. Un sacrifice adressé, non au Père, mais aux humains afin de leur déclarer malgré tout son amour. Je ne vois pas d'autre sens possible à donner au geste du Christ.

« L'ennui étant de savoir quel crédit accorder à un Dieu imprévoyant, faillible, bricoleur, véritable apprenti-sorcier, fût-Il par ailleurs très gentil et animé glorieusement du désir de Se racheter. »

Lorsque j'avais treize ans, cet ami qui en avait quinze m'avait écrit : « J'accuse réception de ta lettre. » Et je pleurais de me croire « accusé ». Peut-être aujourd'hui dois-je décrypter son « accusation » comme une fidélité dans son dialogue inachevé avec son créateur…

*

Si nous perdions moins de temps à reporter sur Dieu la responsabilité des désastres, peut-être serions-nous plus disponibles pour détecter leurs vraies causes et inventer les parades durables, celles qui vont au cœur des problèmes. Dieu nous a bourrés de talents à développer pour en finir avec ce qui nous écrase. Déjà des millions de pionniers, au cours de l'Histoire, ont pris ce chantier au sérieux. Ils ont relevé les défis. Ils n'ont pas perdu de temps en anathèmes contre le Créateur. Ils ont pris la Création à bras le corps. Dieu ne donne que des graines. C'est à l'homme qu'incombe la tâche de labourer, de semer et de récolter, et de semer encore. Les meilleurs des hommes ne cessent de monter en première ligne pour réduire le champ de la famine ou de la violence, du racisme ou de la haine. « Dieu ne fait rien », dites-vous ! Qu'en savez-vous ?

Il nous a faits pour être Ses associés. Laissons à Dieu Son rôle, et assumons le nôtre. À Dieu la joie de créer les nappes souterraines. À nous celle des forages. À Dieu la joie d'inventer le blé. À nous celle de semer le grain et de récolter les moissons. Dieu a une complicité avec la part de nous-mêmes qui ne se résigne pas aux injustices. Dieu a partie liée avec la part de nous-mêmes qui se lève chaque fois qu'un homme est humilié. Dieu travaille par homme ou enfant interposé. Je pense au petit Daniel de douze ans par qui Dieu a pu sauver une femme qui allait être lapidée, Suzanne. Je pense à Mère Teresa qui a permis à des milliers d'agonisants de partir dans la dignité et dans la tendresse.

Je voudrais dire ma gratitude à l'écrivain qui m'a permis de découvrir comment Dieu pouvait exister, comment Il pouvait libérer ma liberté, comment Il pouvait me délivrer du pire : l'ennui ! Je parle d'Antoine de Saint-Exupéry. Voici quelques lignes de la page qui fut, pour moi, décisive : « Me vint une lassitude extrême. J'étais comme abandonné de Dieu. Je me sentais sans clé de voûte. Plus rien ne retentissait en moi. Elle s'était tue, la voix qui parle dans le silence, j'étais défait et seul. J'étais pareil à une maison inhabitée. Rien de moi ne pouvait plus servir. J'étais noyé dans le disparate inutile. J'étais somme d'épis et non plus gerbe. Et je connus l'ennui qui est d'abord d'être privé de Dieu… J'étais cierge préparé mais sans flamme. "Ah ! que rentre en moi ma ferveur[1]", disais-je ! »

Dans la suite de ce texte, Saint-Exupéry déclare que Dieu transfigure le quotidien le plus banal en lui donnant un sens : « Dieu est pour le marin, signification de la mer. Et pour l'époux, signification de l'amour. »… « Celui qui reconnaît le sourire de la statue ou la beauté du paysage ou le silence du temple, c'est Dieu qu'il trouve. »

Dieu est la clé. Il est le « signifiant ». C'est le verbe qui donne son sens au texte. Dieu donne aux étoiles et aux roses leur éclat d'Éternité.

Saint-Exupéry ajoute, décrivant avec tristesse le monde contemporain : « Si Dieu Se retire de mon peuple, ils deviendront les fourmis de la fourmilière… Pourquoi m'obliges-Tu, Seigneur, à cette traversée du désert ? Je peine parmi les ronces. Il suffit d'un signe de Toi pour que le désert se transfigure et que le sable blond et l'horizon et le grand vent pacifique ne soient plus somme incohérente, mais empire vaste où je m'exalte, et qu'ainsi je sache Te lire à travers. »

---

1. *Citadelle,* seconde édition, Pléiade, p. 701.

« Je suis le grand pardonneur »

> *« Seigneur, quand mon frère commettra une faute à mon égard, combien de fois lui pardonnerai-je ? Jusqu'à sept fois ? »*
> *« Je ne te dis pas jusqu'à sept fois, mais jusqu'à soixante-dix fois sept fois. »*
>
> MATTHIEU 18, 21

« Ainsi en va-t-il du Royaume des cieux comme d'un roi qui voulut régler ses comptes avec ses serviteurs. Pour commencer, on lui en amena un qui devait dix mille talents. Comme il n'avait pas de quoi rembourser, le maître donna l'ordre de le vendre ainsi que sa femme, ses enfants et tout ce qu'il avait, en remboursement de sa dette. Se jetant alors à ses pieds, le serviteur, prosterné, lui dit : "Prends patience envers moi, et je te rembourserai tout." Pris de pitié, le maître de ce serviteur le laissa aller et lui remit sa dette. En sortant, ce serviteur rencontra un de ses compagnons, qui lui devait cent pièces d'argent ; il le prit à la gorge et le serra à l'étrangler, en lui disant : "Rembourse tout ce que tu dois." Son compagnon se jeta alors à ses pieds et il le supplia, disant :

« Prends patience envers moi, et je te rembourserai. » Mais l'autre refusa ; bien plus, il s'en alla le faire jeter en prison, en attendant qu'il eût remboursé ce qu'il devait.

« Voyant ce qui venait de se passer, ses compagnons furent profondément attristés et ils allèrent informer leur maître de tout ce qui était arrivé. Alors, faisant venir le serviteur, son maître lui dit : "Mauvais serviteur, je t'avais remis toute cette dette, parce que tu m'en avais supplié. Ne devais-tu pas, toi aussi, avoir pitié de ton compagnon, comme moi-même j'avais eu pitié de toi ?" Et, dans sa colère, son maître le livra aux tortionnaires, en attendant qu'il eût remboursé tout ce qu'il lui devait. C'est ainsi que mon Père céleste vous traitera, si chacun de vous ne pardonne pas à son frère du fond du cœur » (Mt 18, 23-35).

Sans tomber dans un sentiment de culpabilité très éloigné du véritable repentir, ne pouvons-nous pas découvrir que nous avons envers Dieu une dette insolvable ?

À qui devons-nous le cadeau prestigieux de l'existence ? À Dieu !

À qui devons-nous cet univers vaste et magnifique ? À Dieu !

À qui devons-nous l'existence des êtres qui font notre joie ? À Dieu !

En réponse à tant de générosité, à tant de largesses, que Lui avons-nous donné ? Il ne nous demandait pas grand-chose, seulement de *« L'aimer de tout notre cœur, de toute notre âme, de toutes nos forces et d'aimer notre prochain comme nous-mêmes. »*

Avons-nous peur de faire la lumière sur la tiédeur de notre réponse ? « Si tu voyais tes péchés, tu perdrais cœur », disait Jésus à Blaise Pascal. Il ajoutait : « Tu les connaîtras à mesure qu'ils te seront pardonnés. »

Nous devons à Dieu infiniment plus que soixante millions de pièces d'argent. Mais notre repentir le touche. Sa miséricorde l'emporte. « Aux yeux d'un père comme celui-là, le dernier des derniers est le premier de tous » (Paul Baudiquey).

« Si Dieu existe, qu'aimeriez-vous L'entendre vous dire en arrivant là-haut ? » Julien Green et Jean d'Ormesson eurent à répondre à cette question posée par Bernard Pivot au cours de son émission *Apostrophe*. Julien Green lança : « Je suis le grand pardonneur » et Jean d'Ormesson : « Je te pardonne. »

Depuis quelques décennies on ne voit plus Dieu comme un juge sévère. Thérèse Martin est passée par là. Une sœur un jour lui adressa un vif reproche : « Vous parlez beaucoup de Sa miséricorde et bien peu de Sa justice ! » Elle répondit : « Nous aurons de Dieu ce que nous en attendons. Je choisis Sa Miséricorde. » Le Dieu de la Bible pardonne comme nous respirons ! Heureux les disciples d'un Dieu qui fait miséricorde !

Au moment où, pour la première fois dans l'histoire de l'humanité, fut prononcée la parole divine : *« Tu aimeras ton prochain comme toi-même »*, cette phrase fut accompagnée de deux autres : *« Tu dois réprimander ton compatriote et ainsi tu ne seras pas complice du mal qu'il a commis. Tu ne te vengeras pas et ne garderas pas de rancune »* (Lv 19, 17).

Jésus a insisté sur la première exigence. « Mets tout en œuvre, par des démarches répétées, en rencontrant ton prochain seul à seul, à deux, à trois, en communauté, jusqu'à ce que ton compagnon comprenne son erreur ou sa faute. » Aujourd'hui, Jésus souligne la seconde exigence : *« Tu ne te vengeras pas. Laisse de côté toute rancœur. »*

*

Depuis trente ans, je rencontre de plus en plus d'Occidentaux convertis au bouddhisme. Ils disent être attirés par l'attitude de compassion qu'ils découvrent dans cette religion. Que ne l'ont-ils aperçue dans les Évangiles ! Pour Jésus, en effet, il s'agit d'une véritable obsession : *« Pardonnez, Dieu vous pardonnera »* ... *« Avant de présenter ton offrande, va te réconcilier »*... *« La mesure que vous utiliserez pour juger les autres, c'est celle-là qui servira pour vous. »* L'exigence du pardon est une des formes de la compassion. Elle est sans aucune limite : *soixante-dix fois sept fois* ! En hébreu cela veut dire *« toujours »*.

Il existe une école bouddhiste tellement marquée par l'influence chrétienne que l'on s'y retrouve en pays connu. Dans d'autres formes plus classiques de cette tradition, nous ne savons plus trop ce qu'est la personne humaine. À l'instant où j'écris ces lignes, je porte mon regard sur un nuage en transformation permanente. Un bonhomme en marche se transforme en cheval puis en oiseau. Et puis, plus rien ; le ciel tout entier est redevenu bleu. Est-ce cela « l'impermanence » ? Qui pourrait accepter que l'être aimé ne soit qu'un nuage qui va bientôt s'évaporer ?

Les personnages influents n'admettent pas de voir Jésus faire bon accueil aux *« pécheurs publics »*. Les responsables religieux voient d'un très mauvais œil Jésus s'entourer de pauvres bougres qui salissent le paysage. Jésus fréquente ceux qui font honte : les marginaux, les publicains malhonnêtes, les femmes adultères, les prostituées. Ce sont ceux-là justement qui *« se pressent pour venir l'écouter »*.

Les maîtres spirituels, les docteurs de la Torah, Jésus les aime aussi. Dieu a de grandes ambitions à leur égard. Sans se lasser Jésus leur raconte des histoires de vignerons homicides, de fils aîné furieux devant l'accueil réservé à son débauché de frère, de débiteur impitoyable. Imitant la fougue du prophète Nathan avec David, Jésus leur dit : *« C'est toi, cet homme ! »* Hélas ! c'est l'échec. L'Évangile aura ce mot terrible : *« Ils ont réduit à néant les ambitions de Dieu sur eux. »*

Ne jugeons pas le judaïsme sur cette infime minorité d'intégristes. « Quand un pécheur fait pénitence, ses péchés deviennent des mérites aux yeux de Dieu », dit le Talmud (Yomah 26).

*

« Je ne suis pas venu pour les justes… Le médecin ne vient pas pour les bien-portants… Il y a plus de joie au ciel et sur la terre pour un seul qui reconnaît sa pauvreté que pour quatre-vingt-dix-neuf parfaits » (Mt 9, 13).

Comment exprimer notre gratitude envers ce Dieu qui ne Se lasse jamais de pardonner ? N'est-ce pas un besoin non seulement de rendre grâce, mais de faire grâce ? Quoi, Seigneur ! Mon prochain m'a volé mon bonheur, et tu me demandes de lui pardonner ? Il m'a fait tellement mal ! Il m'a atteint dans mes affections les plus chères. Il a raconté des choses horribles sur mon compte. Il m'a humilié plus bas que terre devant tout le monde, il m'a fait perdre mon emploi, ma raison de vivre. Si je lui pardonnais, c'est comme si je renonçais à ma dignité d'homme. Je ne peux pas m'abaisser jusque-là. Toi, c'est Ton métier de pardonner. Quand Tu crées un prunier, tu n'es pas étonné de récolter des prunes. Tu as créé un rancunier. Tu as vu trop grand pour nous.

Mais je Te regarde sur la Croix et je T'entends au plus fort de Ta douleur : *« Pardonne-leur, Père, ils ne savent pas ce qu'ils font. »* Qui es-tu donc pour vouloir nous associer si étroitement à ton être ? Veux-tu vraiment que nous soyons *« à l'image du Père qui fait briller son soleil sur les méchants comme sur les bons, qui donne sa pluie aux injustes comme aux justes » ?* Viens. Tu es mon Dieu, je T'appelle. *« Celui à qui on pardonne peu aime peu »,* disais-Tu. J'ai tellement à me faire pardonner.

Celui qui se sait aimé jusqu'à être lavé de toutes ses fautes, celui-là sera inondé d'une telle joie qu'il n'aura de cesse de dire à chacun de ceux qui l'ont offensé : « Je ne t'en veux pas. La paix soit sur toi. » Il bannira de son vocabulaire la parole assassine : « Ça, je ne te le pardonnerai jamais. »

Si par manque de réalisme nous en venions à nous croire indemnes de tout mal, immaculés, intègres, alors, que viendrait faire dans notre vie un Dieu dont le nom est « Sauveur » ? Peut-on sauver des êtres qui ne sont pas en perdition ?

« Pardonne-leur, Père » : tel est le cri qui peut jaillir de celui qui se sait aimé d'un amour infini. Peut-être dira-t-il seulement : « Pardonne… car moi je ne peux pas. »

Pardonne-toi à toi-même. Il n'y a qu'un seul péché : ne pas croire assez fortement à l'amour que Dieu te porte. C'est cela le *« blasphème contre le Saint-Esprit »*. Le pardon ne peut rejoindre celui qui le refuse. Tu crois assez en Dieu pour imaginer qu'Il puisse te punir. Pourquoi ne crois-tu pas assez en Lui pour penser qu'Il peut te pardonner ? Ton Dieu n'est pas l'amour !

IV

LE RÈGNE DE DIEU EST VENU JUSQU'À VOUS

« Cherchez d'abord le Royaume »

> « Nous sommes tous inhibés, frigides, des frigides de l'amour du divin, frigides devant Dieu ! »
>
> Christiane SINGER

Jésus envoie en mission Pierre, Jean, André, Thomas et les autres. Ils ont pour tâche de dire aux gens de « s'habiller le cœur ». Tenez-vous prêts. *« La venue du Royaume est imminente. »*

L'expression *« Royaume des cieux »* apparaît au moins cinquante fois dans l'Évangile de Matthieu.

Cette image ne datait pas d'hier. Elle venait des grands prophètes d'Israël. Ils ne cessent d'annoncer un temps où les princes de ce monde ne seront plus l'indifférence et le mépris, mais la compassion et le respect.

La mission d'annoncer l'arrivée prochaine du Royaume est urgente, l'enjeu est de taille. Il ne faut se tromper ni sur le but ni sur les moyens. Il ne s'agit pas d'un programme politique même si tous les projets de société pourraient s'en inspirer avec profit. À la tête de la cité ce sont des hommes qui ont le souci des plus faibles qu'il faut placer. Si c'était une révolution, ce serait celle de l'amour. Le Royaume, c'est la vie véritable telle que Dieu l'a voulue, telle qu'Il l'a rêvée. En attendant que Son règne vienne, nous sommes en mission. Pour ce grand projet, Dieu S'en remet à nous.

Jésus s'enflamme d'enthousiasme lorsqu'il évoque le Royaume qui vient, qui s'approche, qui travaille déjà le cœur des humbles. Oui, malgré les tragédies de ce monde, la vie a un sens. La vie pourrait devenir prodigieusement belle, si seulement nous apprenions à nous aimer !

Jésus-Christ a planté dans le cœur des hommes de bonne volonté un désir que rien ne pourra rassasier, sinon le Royaume de Dieu et Sa justice. Le Royaume est *« en vous »*, dit-Il. Il est en vous à l'état de projet. C'est comme le cri de Martin Luther King : « *I have a dream* (j'ai un rêve). Le rêve d'une communauté humaine sans ségrégation de races ou de classes, tous en marche pour nous libérer de nos entraves et pour voir ensemble la gloire du Seigneur. »

Le Royaume des cieux est un univers nouveau à bâtir ensemble avec les plans de Dieu. Une seule règle dans ce Royaume : devenir comme le Père, c'est-à-dire donner à chacun ses chances d'exister, être pour les autres, pour tous les autres, ce que le soleil et la pluie sont pour les plantes.

Nous avons été inventés pour travailler à faire s'épanouir le cœur des hommes. Nous sommes faits pour ce

Royaume, comme le rossignol pour chanter, comme le goéland pour voler.

Il n'est pas facile de définir l'indéfinissable. Jésus semble jouer au jeu du portrait.

Si c'était une plante... Ce serait « *la plus petite des graines, mais elle deviendra un grand arbre* » (Mt 13, 32) ! Dieu donne des graines, notre tâche est d'en faire des jardins...

Si c'était un ingrédient de cuisine... Ce serait une « *pincée de sel* » ou encore une « *miette de levain* » qui fera lever « *trois kilos de farine* » (Mt 13, 33) ! Nous devons être le sel de la terre et non pas son sirop. Et c'est la lourde pâte humaine qu'il faut soulever !

Si c'était une fête... Ce serait un « *banquet de noces* » !

Si c'était un objet... Ce serait une « *perle unique au monde* » ou un « *trésor fabuleux* » (Mt 13, 44-45) !

Le Royaume est là où les démons de l'indifférence, du mépris, de la haine ont été chassés. « *Si c'est par le doigt de Dieu que je chasse les démons, alors le Royaume de Dieu est arrivé jusqu'à vous* » (Lc 11, 20).

Qui pourra pénétrer dans cet univers ?

Les humiliés, ceux qui ont connu, en creux, le prix et l'enjeu de l'amour, puisqu'ils ont été blessés par son absence.

Les persécutés pour la défense des droits des opprimés. Humiliés et persécutés encadrent les neuf béatitudes. Il n'est pas dit que le Royaume leur appartiendra dans l'avenir. Il est dit : *« Le Royaume des cieux est à eux »* (Mt 5, 3).

Il y a ceux qui ont retrouvé une âme d'enfant avec la confiance, l'ingénuité, l'humilité que cela implique. *« Si vous ne redevenez comme des enfants, vous n'entrerez pas dans le Royaume. »*

Il y a ceux qui sont déterminés à aller jusqu'au bout, prêts à *« se faire violence »* (Mt 11, 12).

Il y a ceux qui sont écorchés par le gâchis d'une vie mal orientée, *« Les prostituées et les publicains vous précèdent dans le Royaume. »* Imaginez la fureur et l'indignation des bien-pensants qui entendirent ces mots. Ce jour-là, Jésus venait de signer sa condamnation à mort. Un contresens nous guette en entendant les propos de Jésus. Il n'a pas voulu dire : « La prostitution et le vol sont une chance pour entrer dans le Royaume. » Il a constaté que des prostituées et des publicains se sont convertis en écoutant Jean-Baptiste. Il s'est réjoui en voyant ces « pécheurs publics » changer de vie.

Le Royaume est là où deux regards s'échangent dans un sourire. Il est là où une parole de pardon met fin à des années de discorde, là où un accord de paix met fin à des années de guerre. Il est là où la joie a effacé la tristesse.

Il est là où l'unité respecte la diversité. Au banquet du Royaume, tous sont invités. Les barrières sont abolies. Il n'y a plus ni Juif, ni Palestinien, ni Indien, ni Pakistanais.

Un théologien quelque peu cynique avait écrit : « On attendait le Royaume des cieux : c'est l'Église qui est venue ! » Lorsqu'elle est fidèle à Jésus-Christ, oui, l'Église est bien signe du Royaume. L'Église des saints est l'ébauche du Royaume, dès maintenant. Mais la réalisation plénière du Royaume est loin devant, à l'horizon de notre courage.

Cette réalisation nous est confiée comme une priorité, avant toute besogne. *« Cherchez d'abord le Royaume de Dieu et sa justice, et toute chose vous sera donnée en plus »* (Mt 6, 33).

Le Royaume de Dieu ne sera pleinement accompli, pleinement réalisé que dans le monde nouveau, celui dont parle l'Apocalypse où *« il n'y aura plus ni cri ni peine, ni larme ni mort »* (Ap 21, 4). Telle est la plus grande espérance qui ait jamais été donnée aux hommes.

Quel est ton talent ?

« Dieu a créé l'homme comme les mers
ont créé les continents, en Se retirant. »

HÖLDERLIN

« Son maître lui dit : "C'est bien, bon et fidèle serviteur, tu as été fidèle dans les petites choses. Sur beaucoup je t'établirai : viens te réjouir avec ton maître" » (Mt 25, 21).

Dans la Bible, Ben Sira écrit : *« Le Seigneur fait sortir de terre les plantes médicinales. L'homme intelligent ne les méprise pas. Le médecin et le pharmacien en font des médicaments pour soigner ou soulager »* (Si 38, 4). Voilà une belle division du travail. Dieu invente les plantes et l'homme relève ses manches, fait des découvertes et concocte des remèdes qui guérissent ou qui soulagent.

« L'homme de bon sens ne méprise pas les dons de Dieu » (Ben Sira). Nous aurions rêvé d'un dieu paternaliste et magicien, Merlin l'enchanteur. Il nous aurait dispensés de tout effort. Personne n'aurait eu besoin de personne. Aucune solidarité n'aurait pu naître.

Le projet de Dieu est que l'homme invente l'homme. Être homme, c'est être solidaire de ses frères humains. « Tu souffres, j'ai mal et tout en moi se lève pour ta délivrance. » Dieu nous a remis un, cinq ou dix talents pour les mettre au service de la vie. Le sens de l'existence est d'aider quelqu'un ou quelques-uns à vivre. Est-ce trop peu ?

L'homme a le pouvoir de permettre à Dieu d'être encore Créateur aujourd'hui. Alors, le bonheur se répand sur la terre. Mais qu'advient-il lorsque Dieu se heurte à notre lâcheté, à notre désertion, lorsque Dieu ne trouve plus la courroie de transmission qui Lui permettrait d'agir ? Qu'advient-il lorsque celui qui avait reçu un talent à faire fructifier le laisse dormir ?

L'homme a le pouvoir de stériliser le travail de Dieu. Alors, la détresse se répand sous toutes ses formes : environ dix mille personnes meurent de faim chaque jour dans le monde. Les victimes de la drogue, de l'alcool, du tabac, du sida, des accidents de la route se multiplient.

Dans le malheur, l'homme va-t-il secouer la manche de son frère et lui dire : « Donne-moi donc le talent qui t'était confié si tu n'en fais rien » ? Non ! Il se retourne contre Celui qui a distribué les talents et réparti les tâches. Il lui crie : « Ce n'est pas juste. Pourquoi as-Tu laissé faire cela ? »

Un jeune professeur, atteint du sida, écrit dans un livre récent : « Dieu, quand j'admire la beauté du monde, je suis souvent tenté de croire en Ton existence. Mais quand je médite sur la souffrance qui se développe sans cesse dans ce même monde, j'ai l'impression qu'aucun Tout-Puissant ne peut exister. Dieu, si Tu n'existes pas, la Beauté est la chose la plus étonnante qui soit, souveraine et magnifique. Mais si Tu existes, la souffrance est le mystère le plus douloureux que l'on puisse imaginer. »

Qui n'a poussé un cri semblable devant sa propre douleur ou celle des autres ?

Je n'oublierai jamais ce propos d'un jeune : « Je ne peux plus croire en Dieu. J'ai prié pour qu'il pleuve au Sahel, et il n'a pas plu ! » Il ne savait pas que prier, c'est surtout exaucer Dieu. C'est Dieu qui prie ce garçon : « Deviens ingénieur ! Pars effectuer des forages ! L'eau existe au Sahel : cadeau merveilleux, superbe, surabondant. J'ai mis dans ta tête le talent et l'ingéniosité d'extraire l'eau, si profondément qu'elle se trouve ! »

L'association Forages-Mali, avec un atelier de trois millions de francs, a réalisé deux cent soixante-huit forages au Sahel en sept ans ! Le talent inemployé dont parle l'Évangile était une mesure de monnaie : vingt-sept kilos d'or… Que ne ferait-on avec une telle somme ?

Les défauts, les tares, les malheurs de notre monde sont la trace de notre absence. Absorbés par des futilités, nous avons laissé nos talents enfouis ! Nous retournons à nos pantoufles et à nos fauteuils : « Tiens, si on regardait la télé ! » La misère et la souffrance qui auraient pu être un appel deviennent un spectacle !

*

« Le Propriétaire leur confia Ses biens et Il partit… »

Il partit dans la confiance. Il partit pour laisser à l'homme sa part de créativité.

Parce qu'Il est amour, Dieu veut agir dans ce monde. La Bible fourmille des appels de Dieu. Il y a beaucoup d'appelés, peu acceptent de se laisser élire. Ceux-là pourtant font avancer l'Histoire.

Moïse, sans toi, les Hébreux demeurent esclaves en Égypte.

Daniel, sans toi, Suzanne est condamnée à mort.

David, sans toi, Goliath écrase ton peuple.

Marie, sans toi, le Messie n'est pas donné au monde.

Saül de Tarse, sans toi, la Bonne Nouvelle ne se répand pas à travers la Méditerranée…

Vous les acteurs de la miséricorde, la liste de vos noms est longue ! La souffrance, vous ne l'avez pas regardée comme une occasion de mettre Dieu en procès, mais comme une provocation, une pro-vocation. Le choc que vous avez ressenti vous a permis d'entendre un appel.

Devant les malheurs de son époque, le prophète Isaïe disait de la part de Dieu :

« Si vous dénouez les liens de la servitude,
si vous libérez votre frère enchaîné,
votre nuit deviendra plein midi. […]
Non, la main du Seigneur n'est pas trop courte pour sauver !
Non, Son oreille n'est pas sourde pour entendre !

C'est votre égoïsme qui a creusé un fossé entre vous et votre Dieu ! »

(Is 58, 10-59, 1.)

Il en est de même aujourd'hui comme hier. Montons en ligne. Laissons-nous mobiliser contre la maladie, la famine, l'injustice, la solitude, le racisme, la bêtise, la violence… Chacun sur son chantier, mais tous étroitement reliés.

Parmi les talents confiés, n'oublions pas le simple amour au quotidien, la parole qui réconforte, le sourire qui apaise. Ce talent-là, si nous l'enfermons par peur des risques, le monde mourra de froid.

Dans certaines villes appelées parfois ironiquement des « ghettos de riches », il y a de grandes pauvretés du cœur. Beaucoup n'y trouvent pas l'accueil dont ils rêvent. Pourquoi garder enfoui le talent du sourire, le talent de l'écoute, le talent des rencontres ?

« À ceux auxquels il a été beaucoup donné, il sera beaucoup demandé » (Lc 12, 48).

Chaque semaine, chaque jour parfois, quelqu'un nous confie sa détresse. Une petite voix nous souffle : « Ne t'investis pas trop ! » Une autre nous tire dans un autre sens : « Le talent que Dieu t'a donné, c'était pour moi. Ne le laisse pas dormir sous la terre ! J'en ai besoin pour ne pas mourir. »

*

« Le Propriétaire leur confia Ses biens et Il partit… »

N'oublions pas qu'Il nous a confié nous-mêmes à nous-mêmes. Des milliers de personnes ont traversé le pire avec un courage étonnant. Où ont-elles puisé une telle énergie ? Ne jamais désespérer de rien : voilà le grand défi !

Lorsque Dieu reviendra, pourra-t-Il nous dire : *« Viens, mon ami, tu as été fidèle dans les petites choses, Je vais t'en confier d'immenses. Entre dans la plénitude de Ma joie… »* (Mt 25, 21) ?

Il y a trente-six ans, je fus saisi par ces propos de l'abbé Pierre qui résument bien l'œuvre de sa vie :

« C'est la douleur de l'autre qui provoque la manifestation de qui nous sommes, et qui nous serons au-delà du temps. »

Jour après jour, l'ombre des douleurs et des injustices, et pas seulement venant des vices coupables des hommes, mais venant aussi du désordre des choses mêmes, ou venant des débilités des volontés, même de celles sincèrement appliquées à se faire bonnes, ces ténèbres de l'injustice, et ces clameurs des vivants entredéchirés, ou broyés, ou brimés, à tous les niveaux de leur être, oh ! comme il arrive que tout cela, horrible, qui est réel tout autant que les choses belles, en vienne à submerger nos âmes, à nous faire crier que, par cela, sont souillés, et faussés irrémédiablement, et les lumières, et les harmonies, et tous les chants de l'univers.

Quelle tentation, dans ces heures, de trouver là, dans le scandale affreux de l'existence de cette part du réel, un motif écrasant de répondre au défi de l'absurde par l'absurde, et de ne plus vouloir vouer son moi, pour chacun, à rien autre qu'au néant de la creuse idolâtrie de soi, insultant Dieu, Lui criant : « Vous ne pouvez pas exister puisqu'existe cela ! »

Et combien de nos frères sombrent ici.

Ils sombrent sous le choc qui leur vient d'un regard, lucide et loyal, sur ce qu'a causé la liberté laissée à Satan de gâcher le monde.

Seul, peut les faire aller au-delà de ce désespoir un regard plus pleinement lucide encore.

Un regard qui, au-delà du beau, et au-delà du laid, rencontre l'Amour.

Qu'ils voient la Miséricorde vécue par les hommes ! Qu'ils la voient tendue à la dimension même de toute détresse.

« Bienheureux les miséricordieux, car ils obtiendront miséricorde », nous assure avec force la voix de Jésus-Christ. Comment ne l'obtiendraient-ils pas, la Miséricorde, eux qui vengent Dieu en reflétant sur toute la Création la seule clarté qui puisse vaincre sa part de ténèbres, eux qui font voir Dieu tel qu'Il est, non point grand seulement de la grandeur d'être le Créateur des astres et des hommes, mais grand de cette indicible Grandeur de pouvoir faire fleurir cette sorte d'amour dans ces faibles cœurs d'hommes.

Nous avons parlé de cela longuement, l'abbé Pierre et moi, un jour où il m'avait invité à déjeuner. Il me raconta la résistance, l'aumônerie militaire, l'accueil qu'il fit aux plus déshérités, l'enfant mort dans un bidonville, le démarrage des Chiffonniers d'Emmaüs avec Georges, un ancien bagnard qui voulait mourir.

En quittant l'abbé Pierre, je me répétais : « Qui pourrait ne pas croire au Dieu de cet homme ? »

Veilleurs attendant l'aurore

« Ce n'est qu'en aimant nos ennemis que nous pouvons connaître Dieu. »

Martin Luther KING

« Prouvez-moi l'existence de Dieu », demanda-t-on à un maître hindou. Il rit et dit : « Ce n'est pas facile de prouver l'existence de l'existence. »

Je reviens de l'Inde. Quatre séjours dans ce pays ont laissé en moi des traces profondes. Ce vaste continent de neuf cents millions d'habitants a vu naître et se répandre, depuis quarante siècles, le plus grand fleuve de spiritualité.

Dans la pensée hindoue, ce n'est pas l'existence de Dieu qui fait problème, c'est l'existence de l'homme et la réalité du monde. L'homme et le monde ne sont pas tout à fait réels : ce qui change, ce qui passe, ce qui se meut et qui meurt n'est que jeu, reflet, péripétie, parfois même illusion. Les vagues ne doivent pas cacher l'Océan. Il n'y a pas de créatures. Il n'y a pas de Créateur. L'Absolu seul existe au-delà de Ses innombrables manifestations. « Cela » est tellement « l'au-delà de Tout » que « Cela » ne peut pas être quelqu'un.

Par contraste, la tradition judéo-islamo-chrétienne est révolutionnaire : Dieu y est aussi la source de l'être, comme pour les Hindous, mais Il a posé devant Lui des hommes bien réels. Ces créatures sont capables d'inventer leur vie, à leur gré, avec Lui si elles le veulent, hors de Lui si elles le souhaitent. Le choix de la séparation déchirera le cœur de Dieu, mais Dieu a pris ce risque. *« Et Moi, Je pleurerai en secret votre orgueil »* (Isaïe).

Dieu confie aux hommes un espace magnifique où ils pourront donner libre cours à leur créativité. Il leur confie un monde inachevé, une terre vierge dont ils feront, selon leurs goûts, un chantier ou une foire d'empoigne, une terre nourricière ou un dépotoir, une communauté de frères ou un déchaînement de haines et de terreurs.

Nous sommes invités à prendre au sérieux ce monde. Même si nous sommes dans le provisoire, de l'éternel se construit à travers ce provisoire. Il ne s'agit pas de fuir ce monde, mais de le modeler.

En terre chrétienne, Teilhard de Chardin peut chanter son hymne à la matière :

« Bénie sois-tu, puissante matière, indomptable passion,
Évolution irrésistible, réalisation toujours naissante…
Sans toi, Matière, sans tes attaques, sans tes arrachements,
nous vivrions inertes, stagnants, puérils, ignorants de nous-mêmes et de Dieu…

Toi qui résistes et toi qui plies, toi qui bouleverses et toi qui construis...
Sève de nos âmes, main de Dieu, chair du Christ, Matière, je te bénis...[1] »

Mais voici l'homme grisé par l'œuvre de ses mains. Regardez-le, cet ingrat qui s'empresse de tourner le dos à son Créateur ! Il va d'abord Le considérer comme un intrus, puis, pour plus de sécurité, il déclare : « Dieu est mort » ou encore « Dieu n'existe pas » ou bien « Nous ne pouvons rien savoir à Son sujet ». L'homme, chef-d'œuvre de Dieu, invente l'athéisme. Le fleuve nie la source d'où il a pris naissance. L'arbre se détache de ses racines.

Chez les Hindous, l'athéisme n'existe pas, ne peut pas exister. Tous les chemins mènent à l'Ultime. La vie est un jeu de cache-cache de l'Absolu avec Lui-même. Dans un livre consacré au dialogue entre les religions, je lis ceci : « Dans un camp de concentration, un écrivain montre du doigt des détenus qui ont été pendus. Il s'exclame : "Où donc est Dieu ?" Un chrétien lui répond : "Il est pendu à la potence." Un Hindou aurait répondu en montrant les victimes et les bourreaux, le ciel et la terre et les barbelés : "Dieu est partout".... Quoi qu'il arrive ce n'est ni positif ni négatif, c'est seulement le signe visible de l'Ultime Réalité, la perfection. Le Brahma (l'absolu) se trouve caché, en essence, au cœur du malheur autant que du bonheur... Dans la perspective hindoue, non dualiste, Dieu est le tueur, le tué et le lieu du crime. En essence, il ne se passe rien. Dieu reste semblable à Lui-même, parfait, entier à

1. *Hymne de l'univers*, Le Seuil, 1993, p. 112.

chaque instant... Symboliquement l'histoire du Christ, qui est à la fois "Dieu le père", ordonnateur du sacrifice de la croix et Jésus, le fils supplicié, pointe dans la même direction.[1] »

Étrange syncrétisme !

*

Le Dieu de la Bible est victime de Son trop grand amour. L'homme était-il capable d'une telle liberté ? Était-il digne d'une si grande confiance ?

Dans notre monde qui se coupe de plus en plus de ses racines spirituelles, l'homme a décidé d'être « seul maître à bord ». Il a biffé la mention : « après Dieu ». Les guerres succèdent aux guerres, les massacres aux massacres. Même les plus croyants, hindous de l'Inde et musulmans du Pakistan, rêvent d'en découdre ! Les empires naissent et s'écroulent comme des châteaux de cartes. Les peuples s'entre-dévorent. Les violents disposent de moyens destructeurs de plus en plus « performants ». L'Histoire, devenue absurde, continue comme un train emballé venant de nulle part et n'allant nulle part.

Comment les jeunes ne seraient-ils pas saisis d'angoisse devant l'avenir qu'on leur prépare ? Les futurologues nous annoncent une augmentation du terrorisme et son cortège d'attentats, des guerres plus meurtrières que les précédentes, peut-être même la fin de l'aventure terrestre dans le charnier d'un million d'Hiroshima. Les radiations

1. Ariane Buisset, *La Réconciliation,* Adyar, 2000.

atomiques obscurcissant l'atmosphère, les rayons du soleil ne réchaufferont plus notre planète. La fin du monde sera l'œuvre des hommes, une sorte de suicide collectif.

« *À quoi sert de gagner l'univers si l'homme y perd son âme ?* » (Lc 9, 25.)

Il est possible bien sûr d'enrayer cette folie ! Pourquoi ne pas essayer d'entendre le Dieu de Tendresse qui n'en finit pas de nous espérer, qui ne Se lasse pas de nous attendre, qui ne Se fatigue jamais de mendier notre confiance ?

À quoi sert de chasser Dieu si c'est pour chasser toute la joie humaine ? Le Dieu inconnu, ignoré, refoulé, ne Se résigne pas à nos désastres.

Dans ce siècle sans pitié, l'Évangile vient renflouer l'Espérance.

*

Jésus-Christ, vivant, nous parle. Voici comment je traduis certaines pages de l'Évangile :

Non, la mort n'est pas le dernier mot.

Non, les folies sanguinaires des hommes ne l'emporteront pas.

Pauvre haine, si laborieuse ! Elle ne peut rien contre l'amour, sinon lui permettre d'aller jusqu'au bout !

Jésus ne nous prend pas en traître :

« Si vous souhaitez être, à ma suite, les messagers de l'amour, le monde ne vous fera pas de cadeau. » En effet les Gandhi, Luther King, Romero, Popielusco meurent rarement dans leur lit.

« *Trahisons, haines..., par suite de la montée de la barbarie, l'amour se refroidira chez un grand nombre. Mais celui qui tiendra bon jusqu'au bout, celui-là verra la victoire* » (Mt 24, 12-13).

« *Redressez-vous, relevez la tête, votre délivrance approche... Ces douleurs sont celles d'un enfantement.* » Ainsi parle Jésus.

J'aime cette façon de nous donner le sens ultime des événements, même les plus horribles. Derrière le pire, sachez reconnaître l'aurore qui vient. Vos blessures, c'est Sa place. « *Ne vous alarmez pas !* » L'ombre obéit au soleil. « *Là où la haine abonde, la Tendresse de Dieu surabonde* » (Rm 5, 20).

« *Lorsque vous verrez ces choses, comprenez bien ce qui se passe, le Seigneur est là, tout proche... Le ciel et la terre passeront, mes paroles ne passeront pas* » (Mt 24, 33-34). Jésus tient ce discours peu avant son arrestation. Demain, un ami va le livrer à ses juges qui le livreront aux bourreaux. L'ami le plus proche le renie. Les autres seront pris de panique et fuiront.

« *Soyez comme des veilleurs à leurs postes de guet. Ne vous laissez pas surprendre par la soudaineté de l'événement.* »

Quelques jours plus tard, deux disciples, ahuris de tristesse, quittent la ville, poursuivis par les images insoutenables du Golgotha, la rage au ventre, le dégoût au cœur, un sentiment d'impuissance devant le mal. Un inconnu avec une insolente gaieté semble leur demander : « Pourquoi êtes-vous si tristes ? Il s'est passé quelque chose à Jérusalem ? »

Oui, c'est bien lui qui les a rejoints sur la route. Lui, le torturé d'hier, le crucifié, le cadavre transporté dans un tombeau. Il est ressuscité, vainqueur de la haine et de la mort.

Cette résurrection est un événement historique et non un symbole comme celui du phœnix, oiseau renaissant de ses cendres. Cette résurrection préfigure la nôtre. Et le Christ ressuscite avec son corps et non comme un ectoplasme.

« *Le ciel et la terre disparaîtront, mes paroles demeurent. L'amour ne passera jamais* » (1 Co 13, 8).

« *D'un amour éternel, Je t'ai aimé* » (Isaïe).

« *Les montagnes peuvent s'user, mon amour pour toi ne se lassera jamais* » (Isaïe 54, 10).

« *Aimez-vous comme je vous ai aimés…* »

Voilà qui est stable, solide, durable : l'amour, seulement l'amour. Tout ce que tu aimes est éternel. Tu souffres parce que tu aimes : ta souffrance est provisoire, ton amour demeure.

Alors, la fin du monde est-elle une catastrophe ?

Non, une apothéose, une jubilation, une extase, une transparence, un dévoilement, l'enfantement d'une terre nouvelle où régneront la justice, la tendresse et la sérénité. Même si, par la faute des hommes, ce moment sera précédé par les convulsions de l'Histoire. « *Je sais ton deuil, ta pauvreté… les outrages. N'aie pas peur de ce que tu vas subir : le délateur va jeter en prison certains pour vous tester... Fais confiance jusqu'à la mort. Je te donnerai la couronne de vie* » (Ap 2, 9-10).

Prépare-toi, habille-toi le cœur pour l'heure de Sa visite, pour préparer le Royaume où les hommes vivront dans la lumière.

Entre la lumière et l'ombre

> « Un Dieu bon régnait sur le monde depuis l'origine des temps, et le monde vivait tant bien que mal. Mais les hommes se plaignaient. C'est alors qu'un Dieu meilleur apparut qui abolit le mal. Le problème semblait résolu, mais voilà qu'on annonça la visite d'une délégation venue de la terre. "Que veulent-ils encore ?", s'écria le Dieu nouveau. Les voilà délivrés de l'angoisse et de la souffrance. Que peuvent-ils désirer de mieux ? — Ils s'ennuient. »
>
> Thierry MAULNIER

Avant de se lancer dans sa vie itinérante pour répandre la Bonne Nouvelle, Jésus demeure quarante jours dans le désert. Il se trouve alors confronté à une force de sabotage qui ne cessera d'entraver sa mission.

Chaque jour, pendant trois ans, Jésus viendra dire que l'amour fait vivre, et que son absence fait mourir. Satan aujourd'hui le nargue et lui rappelle le prix qu'il aura à payer s'il n'accepte pas ses règles du jeu !

Dans la Bible, on trouve plus de cent allusions à l'existence d'un *Shatan*. Son nom, en hébreu, signifie : l'obstacle, la pierre qui peut faire tomber. Des exégètes juifs désignent *Shatan* plus volontiers comme une fonction que comme une personne. Cette fonction consiste à semer le doute et, par voie de conséquence, à tester le degré de fidélité de celui qui est ainsi « *soumis à la tentation* ».

Le Créateur respecte Son ange qui fut le plus beau, Sa créature déchue. Il sait à quel point le mal n'aura eu finalement qu'un seul pouvoir : faire triompher la beauté du bien. L'obscurité elle-même peut contribuer à la gloire du feu...

Dieu est expert en recyclage. Avec nos déchets, Il peut faire du compost. Avec nos blessures, Il crée des perles — n'est-ce pas avec un « petit grain » que l'huître fait sa merveille ?

Dans le livre de la Genèse, le Satan pousse l'homme à croire que Dieu n'est pas Celui qu'Il prétend être, mais une sorte de Jupiter. L'homme se grandirait donc en dérobant à un tel dieu la part qu'Il Se réserve. Satan est l'artisan de toutes les caricatures de Dieu. Dès le début de l'aventure terrestre, l'homme tombe dans le piège. Il y aura désormais un combat entre cet adversaire invisible et l'humanité. La victoire de l'humanité sera éclatante ; elle lui « *écrasera la tête* ». Le Satan ne pourra l'atteindre qu'« *au talon* ».

C'est le Satan qui a suscité en Caïn une rage de jalousie envers son frère, jusqu'au meurtre. Dans le livre de

Tobie, c'est encore le démon qui éprouve une grande satisfaction à tuer l'un après l'autre les sept maris de la pauvre Sara. Échec du Satan : Sara gardera confiance dans l'avenir. Elle ne sera pas déçue.

Dans le livre de Job, le Satan s'acharne contre le juste. Il lui retire tous ses biens, tue ses enfants, le laisse comme une plaie vive. Il espère, par ces désastres, attiser chez Job la haine de Dieu. Job demandera des comptes à Dieu, il frôlera le désespoir, mais il n'ira pas jusqu'au suicide auquel son épouse l'invite. Il ne perdra pas confiance : « *Je sais que mon Rédempteur est vivant et dans ma chair je verrai Dieu* » (Jb 19, 25). Ici encore, Satan a échoué. Il n'aura été qu'un faire-valoir de la fidélité de Job.

Dostoïevski décrit avec une grande finesse les trois tentations de Jésus. Avec un regard de visionnaire, il y voit toute la condition humaine. Un « Grand Inquisiteur » fait condamner à mort Jésus-Christ revenu sur la terre en plein Moyen Âge, à Séville. L'inquisiteur rend visite au condamné dans sa prison. Voici ce qu'il lui déclare :

« Durant ton séjour au désert, Tu as repoussé l'unique moyen de rendre les hommes heureux. Tu as offert aux hommes une liberté qui leur est insupportable ! Tu as eu tort !

Que te fut-il proposé par le Prince de ce monde ? Il existe trois forces sur terre, les seules qui soient capables de vaincre et de subjuguer à jamais les hommes pour leur propre bonheur : le Miracle, le Mystère, l'Autorité. Tu les as repoussées toutes les trois. Tu espérais que l'homme aurait confiance en

Dieu sans miracles ? Mais, nigaud, ce que l'homme cherche en Dieu, ce sont les miracles ! Aspirant toujours à un amour libre, tu n'es même pas descendu de ta croix. Tu te faisais une trop haute idée de l'homme. Tu as placé l'homme trop haut. Si tu avais accepté la pourpre de César, tu aurais fondé l'empire universel et donné la paix à la terre. »

Pour le Christ, le Satan est celui qui vient galvauder, salir ce qu'il y a de plus beau dans l'homme. Il sème l'ivraie qui saccage un champ de blé et réduit à rien le labeur du paysan. Il peut arracher la parole de Dieu du cœur de l'homme. Son but est de tout mettre en œuvre pour que l'homme perde sa confiance en Dieu. Sa méthode : tout dénigrer, pousser à haïr, inviter à ne plus pouvoir se supporter soi-même.

Il prend possession de quelques créatures et les provoque à se détruire elles-mêmes. Une bonne part de l'activité de Jésus consiste à venir au secours de ces êtres fragiles, possédés par des forces de mort qu'ils ne contrôlent pas (Lc 8, 30). Jésus traite le Satan de meurtrier. Il le nomme aussi *« père du mensonge »* (Jn 8, 44). En effet, le Satan pervertit tout ce qu'il touche. Il est l'instigateur des rumeurs et des calomnies. Il organise les rancœurs, les ruptures, les divisions, les vengeances. Jésus le présente comme le potier qui frappe ses œuvres avec un marteau pour en éprouver la solidité. Ou bien comme le paysan qui va faire le tri entre la paille et le grain. *« Simon, Satan a réclamé de te passer au crible ! »*

Jésus présente le Satan comme celui qui vient faire dévier un projet de générosité : se dérober lorsque l'amour réclame une fidélité totale. « *Passe en arrière, Satan, tu me fais obstacle* » (Mc 8, 33). C'est Simon-Pierre lui-même qui s'entend traiter de la sorte. Le Satan, comme Dieu, agit par personne interposée.

Jésus désigne encore le Satan comme celui qui provoquera son arrestation, son procès truqué et sa mise à mort. « *C'est l'heure du prince des ténèbres !* », mais il garde une paix totale en son cœur : « *C'est pour que le monde sache que j'aime mon Père* » (Jn 14, 31).

Pour saint Jean, si le Fils éternel de Dieu est venu sur terre, c'est « *pour détruire les œuvres de Satan* » (1 Jn 4).

Pierre, dans une de ses lettres, parle du diable comme d'un « *fauve acharné qui cherche sa proie* » (1 P 3, 8). C'était déjà l'image utilisée dans le livre de la Genèse au sujet du crime de Caïn. Cela ne grève en rien notre responsabilité, mais nous invite à nous tenir sur nos gardes.

Pour saint Paul, le Satan est le « *dieu de ce monde qui aveugle les yeux des hommes, pour qu'ils ne voient pas la beauté de l'Évangile* » (2 Co 4, 4). Il se déguise en « *ange de lumière* » pour mieux berner les humains (2 Co 11, 14). Quelle que soit sa force de frappe, « *le Dieu de paix l'écrasera bientôt* » (Rm 16, 20).

L'Apocalypse décrit abondamment le combat entre les disciples de Satan et ceux de Jésus. L'adversaire est nommé *l'accusateur de nos frères,* celui qui dénigre pour conduire à désespérer de soi-même et des autres.

Thérèse de Lisieux le présentera comme un chien enragé. Un chien fou furieux ne peut rien contre l'enfant qui a eu la bonne idée de se percher sur les épaules de son père. De même pour nous, face à l'esprit destructeur. Il rêve de nous pourrir la vie et de savourer un jour notre destruction. Mais la confiance en Dieu est infiniment plus forte que lui.

La grande ruse de Satan consiste à donner de lui-même l'image la plus faussée : terrifiante comme au Moyen Âge, ou amusante, comme dans certains shows télévisés. Réduit à ce guignol de foire, le « diable » ne peut évidemment plus exister. Ces caricatures l'arrangent : comme tout espion spécialisé dans le sabotage, il ne peut travailler que dans l'incognito.

À l'âge de quinze ans, j'ai été impressionné par le film *Les Visiteurs du soir*. Satan, paré du charme de Jules Berry, voit un de ses anges (Gilles) prendre goût à l'amour d'une femme (Anne). Cela le rend fou de rage. Il transforme un vase de fleurs en nœud de vipères, et se vante de ses prouesses :

« Rien ne m'échappe !.... Vous ne connaissez pas mon pouvoir à moi qui peux tenir le monde dans mes mains ! Les naufrages, c'est moi ! Les maladies, la guerre avec ses beaux plaisirs ! La peste, la famine, la misère, le meurtre, c'est moi ! La haine, la jalousie, c'est moi ! Toujours moi ! »

Satan jubile en ajoutant : « La mort, c'est encore moi !... Le malheur du monde, ça me fait rire. Mais j'ai horreur de rire tout seul. » À la fin du film, Satan transforme Gilles et Anne en statues. Le cœur des amants, qui ne font plus qu'un, continuera de battre dans la pierre. Satan n'a plus que sa cravache et sa rage.

Un jour, j'ai croisé cette force invisible qui pousse les humains à piétiner leur âme. Une jeune femme venait me dire qu'elle avait provoqué le suicide de son ami par des paroles très humiliantes. Elle ne pouvait pas se pardonner son geste. Je n'ai pas réussi à la dissuader de se punir. Elle a sauté d'un cinquième étage, se rendant infirme à vie. Les « sacrements » de Satan étaient réunis : le mépris, le désespoir et la pulsion de mort.

Lorsque la dégradation de l'homme par l'homme atteint des proportions monstrueuses, comme lors du génocide nazi contre les Juifs ou dans les goulags bolcheviques, je crois sans peine à un complot surnaturel. J'y crois lorsque je vois une quinzaine de Hutus exterminer en quelques heures un millier de Tutsis réfugiés dans une église. J'y crois lorsque je vois Oussama Ben Laden affirmer paisiblement que le massacre de milliers d'innocents a été réclamé par le Dieu « Clément et Miséricordieux ». La méthode de Satan consiste à diaboliser l'autre, le différent, pour se justifier de l'écraser comme un cloporte. Le 11 septembre 2001, il montrait que son génie de destruction réservait encore des surprises.

Satan, vous le reconnaîtrez à ce signe : son acharnement à salir ce qu'il y a de plus pur, à séparer ce qu'il y a de plus uni, à pervertir ce qu'il y a de plus sacré. Sa trace est donnée dans un texte de saint Paul sur l'Esprit saint (Ga 5, 22). Il suffit d'inverser les termes ! Cela donne à peu près : « la haine, le désespoir, la révolte, la cruauté, la trahison, la violence, la perte du contrôle de soi[1] ».

On me demande souvent à quoi Satan pourrait ressembler. Regardons-nous dans le miroir lorsque nous haïssons quelqu'un. Le portrait sera assez ressemblant. À défaut de visage, voici sa « prière » : « Là où est l'amour, que je mette la haine ; là où est la vérité, que je mette la confusion ; là où est la réconciliation, que je mette la vengeance ; là où est la paix, que je mette la guerre ; là où est la vie, que je mette la mort ! »

Dans le bouddhisme, Mara (Satan) veut détourner Siddharta de la voie de l'Éveil. Il terrorise le jeune prince de ses flèches. Ayant échoué, il envoie les plus belles jeunes filles pour l'entraîner dans des pièges multiples. Mara ayant échoué se retire. Siddharta devient alors Bouddha, l'Éveillé.

Lorsque la retraite de Jésus au désert sera accomplie, l'Esprit de destruction se vengera de son échec. Jean-Baptiste sera arrêté. Il aura la tête tranchée. Jésus n'a pas le temps de s'attendrir. Il remonte la vallée du Jourdain jusqu'en Galilée. Il a un message à délivrer. « *Les temps sont accomplis.* » Le malheur n'est pas une fatalité. « *Le Règne de Dieu est là, tout proche* » Un jour viendra où les hommes s'aimeront. « *Changez vos cœurs de pierre en cœurs de chair !* » Allumons une chandelle, l'obscurité sera vaincue !

---

1. « *Le fruit de l'Esprit est amour, joie, paix, patience, disponibilité, bonté, confiance dans les autres, douceur, maîtrise de soi* » (Ga 5, 20).

L'amour se fait homme

> « Dieu nous a faits pour la béatitude, et nous cherchons, pauvrement, le bonheur. »
>
> Henri de LUBAC

L'humanité semble en suspens dans l'attente d'une grande nouvelle, dans l'espoir d'un âge nouveau. Nombreux sont ceux qui se tournent vers des prophètes variés et posent au Christ la question de Jean-Baptiste : *« Es-tu celui qui doit venir ou devons-nous en attendre un autre ? »*

Beaucoup sont fatigués d'attendre. Ils ont raboté leur âme aux dimensions de ce que la vie pouvait leur offrir : des jeux télévisés, le prochain match de football, une balade à vélo, une augmentation de salaire accaparent leur soif de plénitude.

D'autres ne cessent de s'interroger : « Qui m'a inventé ? », « Pour quel voyage ? », « Y a-t-il une vie après la vie ? ». Un jour, le rideau tombera sur mon aventure humaine et je ne saurai jamais rien de ce que cette pièce voulait dire. Ou bien je fusionnerai dans le grand nirvana, tout « je » éteint ?

« Qui accepterait de me donner une âme ? », m'écrivait une amie de dix-sept ans lorsque j'en avais vingt. Par cette seule question, elle m'ouvrait aux réalités invisibles. Celui qui nous a inventés pourrait nous donner cette âme. Il nous l'a donnée déjà, mais nous ne la voyons pas. L'image que les hommes se sont faite du Créateur étouffe toute curiosité. « Dieu, s'Il existait, serait un bouche-trou de notre ignorance, un alibi de notre paresse, une restriction à notre liberté. »

S'il n'y a pas de Dieu, qui sommes-nous ? Dans quelle étoffe sommes-nous tissés ? Est-ce le mot « mort » qui est inscrit sur les visages ? Le tic-tac des horloges avance-t-il inexorablement vers la fin de toute vie ?

La perplexité des hommes est la même aujourd'hui qu'il y a trois mille cinq cents ans lorsque Moïse interrogeait Dieu sur le Sinaï : *« Dis-moi Ton nom. Montre-moi Ton visage », « Je suis l'Être à Sa source », « Je suis : Je suis »,* répondait-Il (Ex 3, 14). On pourrait aussi traduire : *« Je suis qui Je serai. »* Il ajoute : *« Je suis le Dieu d'Abraham, le Dieu d'Isaac, le Dieu de Jacob ».* N'est-ce pas comme s'Il disait : « Je suis un Dieu d'amour, Je viens lier Mon sort au vôtre. Ce que Je suis, vous le découvrirez peu à peu dans notre aventure commune. »

La perplexité est la même aujourd'hui qu'il y a deux mille ans lorsque Dieu, répondant à notre angoisse, prit visage humain. Ce jour-là l'Histoire basculait. Désormais les hommes situèrent les événements autour de cette date.

« *Souvent dans le passé*, dit l'Épître aux Hébreux, *Dieu avait parlé à nos pères par les prophètes, mais c'était sous des formes fragmentaires. En ce jour-là, Dieu Se manifeste en Son Fils, reflet resplendissant de la Gloire du Père, expression parfaite de Son être* » (He 1, 1).

Ce message est aussi neuf aujourd'hui qu'hier. Jésus vient nous délivrer de la peur de Dieu. Devant la crèche et devant la croix, les fausses images d'un Dieu autoritaire, écrasant, angoissant se volatilisent. Dieu n'est pas le Tout-Puissant que l'on croyait. Il est le Tout-Amour. Il n'est pas le dieu assoiffé du sang des victimes offertes. Il est Celui qui se laisse torturer en silence, sans un mot de colère contre ses bourreaux. Les écoles des prophètes fanatiques se sont trompées : « Dieu est clément ». Il pardonne comme tu respires. « Dieu est miséricordieux » ; ta misère touche Son cœur.

« Qui donc désespère de la miséricorde de son Seigneur sinon les égarés ? » (Coran 15, 56).

*

« Regarde bien, dit le Seigneur à Angèle de Foligno, trouves-tu en Moi quelque chose qui ne soit pas Amour ? »

« Joie, joie, pleurs de joie » ! Chacun de nous, vieillard ou enfant, ministre ou manœuvre, africain, occidental ou asiatique, peut se savoir créé et mis au monde pour que se compose en lui une partition unique, inédite, de l'amour infini. Chacun de nous est tissé dans l'étoffe divine. Dieu n'est pas Celui que l'on craignait. Il a revêtu chacun de Sa splendeur. Merveilleux visage d'un Dieu qui n'est qu'Amour.

Les humains aiment les idées bien rangées dans des tiroirs. Lorsque Dieu est venu, on L'a très mal accueilli. *« Il est venu chez Lui et les siens ne L'ont pas reçu »* (Jn 1, 11). Les pouvoirs religieux, civil et militaire ont cru pouvoir en finir rapidement avec Lui. Il les déconcertait. Il les dérangeait. Ce faisant, ils ont été, malgré eux, les plus grands révélateurs de l'essence même de Dieu. En Le méprisant, en Le bannissant, en Le tuant, ils L'ont révélé. *« Il n'y a pas de plus grand amour que de donner sa vie pour ceux qu'on aime. »*

Lorsque ce ne sont plus les hommes qui inventent Dieu, mais Dieu Lui-même qui s'offre à la connaissance des hommes, il faut bien s'attendre à quelques surprises.

Laissez éclater votre joie. *« J'ai fait cela pour toi parce que tu as du prix à Mes yeux et parce que Moi, Je t'aime »* (Is 43, 4). Chacun de nous peut se savoir aimé à ce point.

Dieu s'est fait homme pour que nous soyons divinisés. L'homme n'est pas l'enfant du hasard, il est un rêve de Dieu accompli. L'homme n'est pas une passion inutile et brève, il est une passion féconde et éternelle. Né de l'amour, tissé d'amour, il marche vers un amour sans faille, sans ombre, sans déclin, sans lassitude, sans crainte de finir un jour.

Ce monde-ci nous laisse sur notre faim. Il est l'espace d'une initiation, d'une préparation. Il est un seuil. Comment mieux apprendre à aimer sinon sur cette terre inachevée, blessée et où la solidarité n'est pas facultative ? Dans un monde où un homme sur deux connaît la maladie ou l'infirmité, la faim ou la guerre, le chômage ou la solitude, la solidarité est une question de survie.

Tout, ici-bas, nous laisse insatisfaits. Nous rencontrons partout le mécontentement. « L'eau de la pluie est trop mouillée, le sable est trop sableux, le soleil est trop chaud. Les amis ne sont pas géniaux. Les collaborateurs sont nuls… »

« Par-dessus tout, il y a soi-même
Sur qui l'on ne peut guère compter,
et l'on finit par récolter
toutes les bêtises que l'on sème.
Bien que l'on soit son pire ennemi,
dégoûté de soi et de son lot,
on ne peut pas passer sa vie
à s'foutre à l'eau. »

Sacha Guitry (chanté par Mouloudji)

Un maître hindou montrait un jour à ses disciples une feuille de papier avec un point noir dans le milieu. « Que voyez-vous ? » demanda-t-il. « Un point noir », répondirent-ils. « Comment ? Pas un seul parmi vous n'a vu la grande surface blanche tout autour ? »

Il nous faudrait fréquenter plus souvent des lieux de prière. Dieu seul est Dieu. Dieu seul peut combler notre soif. Dans ces espaces, nous venons boire aux sources du silence.

Les moines sont les écologistes de l'âme. Dans ce silence et cette profondeur, Dieu peut nous rejoindre pour nous faire partager Son regard sur les êtres et les événements. Lui, Il ne voit pas seulement les « points noirs » !

Un Dieu de communion

> « Devant la splendeur éclatante de Dieu, on n'en finira pas de regarder bouche bée. On sera béat, béant de joie, d'admiration ; on en bavera de surprise, les yeux écarquillés. »
>
> Benoît PRUCHE

Une phrase de saint Paul retient mon attention : *« Revêtez votre cœur de tendresse et de bonté, d'humilité, de douceur, de patience. »* Ce genre de propos revient souvent dans ses lettres. C'est lui qui nous avait dit : « Si nous n'aimons pas, nous n'existons pas » (1 Cor 13, 2-4). (je résume sa pensée.) Il s'empressait de nous donner quatorze signes auxquels on pourrait reconnaître l'amour véritable. Il y a tant de contrefaçons de l'amour !

Parfois, il n'est pas inutile de nous retourner sur notre passé. Qui ai-je aimé avec *« tendresse, humilité, douceur, patience » ?*

À la fin de notre existence, nos seules richesses seront les liens que nous aurons tissés, les visages dont nous aurons su reconnaître la beauté. Au seuil de notre éternité, durant ce temps de purification que l'on nomme « purgatoire », nous connaîtrons une certaine honte de ne pas avoir su accueillir ceux dont nous avons croisé la route. Nous verrons alors leur beauté, à la lumière de Dieu. Nous comprendrons, hélas ! trop tard, qu'ils avaient besoin de nous pour être plus vivants, plus rayonnants, pour exister davantage. Nous verrons combien il était sordide de les traîner dans la boue alors que Dieu nous demandait de leur tendre la main !

*

« Hérode, se voyant joué par les mages, entra dans une grande fureur et envoya tuer, dans Bethléem et tout son territoire, tous les enfants de moins de deux ans, d'après l'époque qu'il s'était fait préciser par les mages. Alors s'accomplit ce qui avait été dit par le prophète Jérémie : "Une voix dans Rama s'est fait entendre, des pleurs et une longue plainte : c'est Rachel qui pleure ses enfants et ne veut pas être consolée, parce qu'ils ne sont plus" » (Mt. 2, 16-18).

Cette page d'Évangile nous met en face d'une réalité qui n'a pas fini de nous surprendre : le contraste inouï entre la puissance des hommes et la faiblesse apparente de Dieu.

L'Histoire se répète. L'Histoire bégaie. Les moyens dont disposent les Hérode d'aujourd'hui sont plus puissants. L'Hérode Staline fait massacrer quinze millions d'innocents par la famine. L'Hérode Hitler en a fait massacrer six millions dans les chambres à gaz. Le

XXe siècle a bien été celui de la barbarie. Nous avions cru pouvoir oublier l'horreur. Hélas ! il a fallu déchanter sur nos lendemains. Plus que jamais l'homme a besoin d'un Sauveur.

Le Messie peut encore enseigner aux hommes à « *fondre leurs armes pour en faire des charrues* ». Aujourd'hui comme hier, Dieu n'a pas d'autre pouvoir que celui de nos cœurs et de nos mains. C'est par une très jeune femme et son compagnon discret que l'homme Dieu a pu échapper, de justesse, au massacre. Nos bonnes volontés font la force de Dieu. Nos indifférences font la force des Hérode d'un siècle qui s'annonce encore fécond en tensions de toutes sortes et en terrorisme. Mais aujourd'hui Hérode serait invité à rendre compte de ses actes devant le Tribunal international de La Haye.

V

« ÊTRE SAUVÉS… » DE QUOI ?

Montre-nous
Ton visage

« Une voix proclame : dégagez dans le désert un chemin pour le Seigneur... Que tout vallon soit relevé, que toute montagne et toute colline soient rabaissées. »

ISAÏE 40, 3-4

Jésus, *Jeshua*, dont le nom signifie Dieu sauve, vient nous dire et nous redire : c'est du dedans que le mal prend sa source. En chacun de vous, il y a un être magnifique, un enfant de Dieu dans la lumière, appelé à aimer d'un amour prodigieux. Dans l'ombre, vous abritez votre double. En quête d'hégémonie, il n'hésite pas longtemps à faire souffrir.

Ce serait commode et rassurant si la frontière entre la lumière et les ténèbres pouvait passer entre frères ennemis... La frontière passe en chacun de nous, de génération en génération, de siècle en siècle. Nous refoulons cette vérité de toutes nos forces.

À mesure que l'histoire de l'humanité avance, les périls deviennent plus nombreux. Au temps du Neandertal, une bonne hache de silex et du courage pouvaient suffire. Aujourd'hui, les défis à relever réclament des outils et des talents plus diversifiés.

Famine, sida, pollutions de toutes sortes, effet de serre, mauvaise répartition du travail et des biens, délinquance, racisme, violence, intégrismes religieux... Chaque jour, la petite lucarne nous alerte et nous vaccine contre les malheurs du monde ! Nos civilisations se sont coupées des traditions religieuses dont elles sont nées et dont elles semblent honteuses aujourd'hui. Pour atténuer nos souffrances, nous cherchons des solutions d'apprentis-sorciers. Nous jouons avec le sang, avec la nature, avec la vie comme des enfants avec des allumettes.

*

Lorsque l'Europe s'est relevée de ses cendres, en 1945, on a voulu changer le monde. En 1968, on a voulu « changer la vie ». Peut-être allons-nous désormais pouvoir apprendre à changer notre propre cœur.

Lorsqu'on parle à Jésus d'un édifice qui s'est effondré sur ses habitants ou du pouvoir romain qui exécute des innocents, Jésus répond par une invitation à se convertir.

Le prince des ténèbres s'ingénie à nous entraîner vers l'orgueil, l'intolérance, le profit individuel, l'indifférence. C'est d'abord en nous-mêmes qu'il faut chercher l'origine des malheurs de l'homme. Dans notre cœur, il y a des montagnes de suffisance à faire sauter, des ravins de bêtise à combler, des marais d'indifférence à assécher, des chemins d'hypocrisie à redresser. *« Dégagez un chemin pour le Seigneur. »*

De quel côté résident les injustices ? Où demeure la volonté de puissance ? Où la jalousie fait-elle son nid ? Le sourire ironique, où celui qui blesse en a-t-il trouvé l'expression ? À qui profitent les reproches à répétitions, les paroles humiliantes, les brouilles, les malentendus, les procès ?

C'est trop commode de toujours renvoyer sur le dos d'un autre ce qui est mauvais. Le mal trouve son terrain de prédilection dans notre manie de juger, d'accuser, de dénigrer, de caricaturer, de dénoncer. Insensiblement on devient dur, cassant, méprisant.

Le Dieu sauveur nous dit : « Le mal est encore en amont. Tu veux exister par toi-même, tu es comme un arbre qui dirait "non" à ses racines, comme un fleuve qui ferait barrage à son origine ». *« Cieux, soyez épouvantés. L'homme a échangé sa gloire contre le néant. Ils M'ont abandonné, Moi, leur Source d'eau vive pour se creuser des citernes fêlées qui ne gardent pas l'eau »* (Jr 2, 12-13).

*

« Le chrétien est quelqu'un qui fait semblant d'être perdu. Après quoi il ne lui reste plus qu'à faire semblant d'être sauvé. » (Louis Evely)

Le mot « sauver » n'a aucun sens pour celui dont la vie n'a jamais été la proie du pire. Où est-il, le pire ?

Avez-vous connu en vous-même ou dans la vie d'un être cher cette espèce de mort intérieure lorsque le dégoût et le cynisme vous entraînent dans leur vertige ? Cela ne chante plus au-dedans. On ne sait plus s'émerveiller. Plus rien ne vous touche. La haine de soi-même n'est pas loin. On vomit la beauté. On vénère la laideur. On se moque de ce à quoi on tenait parce qu'on y tient avec désespoir. L'amour devient fusionnel ou revendicateur. Il étouffe au lieu de faire vivre.

Est-ce cet état dont Jésus parle lorsqu'Il dit : *« Ne craignez pas ceux qui peuvent tuer le corps. Craignez plutôt ceux qui peuvent tuer votre âme » ?* (Mt 10, 28) Une gratitude immense monte vers Dieu comme à l'égard de celui qui a payé la rançon pour un enfant qu'on avait enlevé. Ce dont Jésus-Christ nous sauve représente un enjeu si grand qu'il a coûté la vie de Dieu.

Il faudrait regarder ce Dieu crucifié comme si c'était la première fois. Ce regard, tel une radiographie de poumons abîmés, nous révélerait où se situe la menace. Un bon diagnostic est le premier pas vers une guérison.

Nous sommes malades d'avoir chassé Dieu de notre paysage. Dans les temples du savoir et venant de la plupart des médias de masse, on peut parler de tout sauf de Dieu. L'air spirituel que nous respirons est plus pollué que l'air des grandes villes.

*

Le salut est au-delà du diagnostic, il est dans l'offre d'une guérison. Jésus meurt des mains de ceux qui le haïssent. Il n'en reste pas là. S'il est capable de souffrir, il ne peut pas demeurer dans la mort. Ressuscité, il nous donne sa présence libératrice : *« Montre-nous Ton visage et nous serons sauvés ».* Ressuscité, il nous offre son pardon : *« Je ne suis pas venu pour les justes mais pour les pécheurs. »* Le péché peut devenir alors un rendez-vous merveilleux avec Dieu. Rien n'est plus mortifère que le péché. Rien n'est plus vivifiant que le pardon.

La lumière que Dieu apporte sur notre condition humaine n'est pas donnée pour nous accabler, bien au contraire. Le salut, c'est de nous savoir aimés *« alors que nous étions mauvais ».*

La nuit de sa conversion, Blaise Pascal entendit Jésus lui dire : « Si tu voyais tes péchés, tu perdrais cœur. Tu les reconnaîtras à mesure qu'ils te seront pardonnés. »

Dieu ne condamne pas à jamais ceux qui blasphèment Son nom et abîment Sa création. Il vient nous dire : « Je souffre avec toi de ton mal. Ne lâche pas Ma main. Tu verras, on s'en sortira tous les deux » !

Dieu est le Dieu de tous

> « Si Dieu l'avait voulu, certainement Il aurait fait de vous, musulmans, juifs et chrétiens, un seul peuple. Mais Il veut sûrement vous tester, vous éprouver dans ce qu'Il vous a confié. Cherchez à vous devancer les uns les autres, à rivaliser en bonnes actions. Vous retournerez tous à Dieu. Il vous instruira au sujet de vos divergences de vue. »
>
> Le CORAN, Sourate 5, 33

Ce siècle nouveau sera peut-être celui de la rencontre des religions.

L'aventure inaugurée à Assise en octobre 1986 s'est prolongée par un nouveau sommet interreligieux le 24 janvier 2002. Jean-Paul II persiste et signe. Les croyants vont apprendre de plus en plus à se rencontrer, à dialoguer, à partager leurs trésors. Cette aventure magnifique du dialogue aura toutes les audaces.

Le chemin sera long et laborieux. Le schisme de Mgr Lefebvre avait pour cause essentielle une attitude de repli. Pour cet évêque, une seule religion avait droit de cité : la religion catholique. Les déclarations *Nostra Aetate* du Concile Vatican II ne pouvaient être qu'une hérésie.

Le schisme semble presque éteint, mais la disposition d'esprit la plus étroite continue de se développer sous d'autres formes.

Jetons un rapide coup d'œil sur cette grande famille des croyants.

Dans la plus ancienne religion, l'hindouisme, l'Absolu n'est pas quelqu'un. L'Ultime Réalité est la vie de toute vie, l'âme de toutes les âmes, ce qui en toute chose la rend désirable, le souffle qui apporte le sens et la ferveur. Le divin est la conscience au cœur de l'homme et la source de sa joie. Il est *Sat Chit Ananda* (état de conscience de l'Univers), Être, Conscience, Béatitude. Le divin est ce qui unit tous les vivants comme l'Océan fait l'unité de toutes les vagues.

Avec Abraham et Moïse, une grande aventure commence. Dieu est désormais perçu comme Quelqu'un. Il est l'au-delà de Tout, comme pour les Hindous, mais Il est aussi le Créateur qui rêve de faire partager Sa vie à sa créature. *« Il règne autour de Dieu une gloire redoutable. »* L'homme est pris de saisissement et de crainte. Trop de lumière l'aveugle.

Bientôt, à l'écoute des grands prophètes, l'homme sera invité à se blottir dans les bras de Dieu comme un enfant dans les bras de son père, comme une fiancée dans les bras de son bien-aimé.

Dix-sept siècles après Abraham, Dieu crée encore la surprise. Il révèle que Son Être est à la fois un et multiple. L'Aimant, l'Aimé et l'Amour sont distincts, mais c'est ensemble qu'ils partagent la condition divine. Dans Son être le plus intime, dans Sa nature la plus profonde, Dieu est tendresse, dialogue, communion. Au commencement était la relation. Au commencement était l'amour.

La famille est la plus belle icône de Dieu.

Une des personnes de la Trinité déchire les cieux et prend la condition humaine. C'est le premier Noël du monde. Pour nous rendre un visage, Dieu consentira à être défiguré. Par amour, il prendra tous les risques. Jésus, Dieu à visage humain, ira de malentendu en échec, d'incompréhension en rejet, d'humiliation en torture. *« Il est venu chez les siens et les siens ne l'ont pas reçu »* (Jn 1, 11). En cette pauvreté, Dieu Se révèle Amour sans frontières.

Le sort de l'amour et le sort de Dieu sont désormais liés. Il n'y a que l'amour qui puisse révéler Dieu à l'homme.

Mahomet, en réaction devant le monde païen à outrance de son entourage, reviendra aux messages d'Abraham et de Moïse. « Dieu seul est grand. »

Lorsque je me suis rendu en Inde en auto-stop, en 1968, j'ai croisé une noria de routards mystiques. Ceux qui revenaient de leurs séjours dans les monastères hindous étaient transfigurés. Je m'ouvris de plus en plus aux autres religions. Depuis quatre ans, le Concile Vatican II autorisait une ouverture qui jusque-là aurait paru suspecte.

« L'Église catholique ne rejette rien de ce qui est vrai et saint dans les autres religions. Elle considère avec un respect sincère ces manières de vivre, ces règles, ces doctrines... qui apportent souvent un rayon de vérité qui illumine tous les hommes... Elle exhorte ses fils pour qu'ils... reconnaissent, préservent et fassent progresser les valeurs spirituelles, morales, socioculturelles qui se trouvent en ceux qui suivent d'autres religions » (*Nostra Aetate*, 1964).

Comme je souhaiterais que de pareils documents inspirent la conduite de mes frères hindous et bouddhistes à l'égard des chrétiens !

*

Nous ne pouvons pas bien vivre si nous venons de rien pour aller vers rien. Les porteurs de messages religieux sont disqualifiés lorsqu'ils s'ignorent, se jalousent, se caricaturent. La moitié des jeunes que je rencontre me disent : « Les religions sont les plus grands responsables des haines. »

Recherchons dans nos traditions tout ce qui génère le respect. Ouvrons les colonnes de nos revues à ceux qui croient « autrement », qui pensent « autrement », qui vivent « autrement ». « Loin de me léser, ta différence m'augmente » (Saint-Exupéry). Si nous prétendons décrire les positions de « l'autre », invitons-le à réagir devant nos propos.

Les « réductions » de la Trinité chrétienne par ceux qui y voient Brahma, Shiva, Vishnou me laissent pantois. Je lis des articles sur un Christ totalement déraciné de sa culture juive.

Le dialogue interreligieux ne peut pas consister à repeindre les croyances de « l'autre » avec nos propres couleurs. Dans le dialogue d'un couple, l'homme ne saurait aborder ainsi son épouse : « Laisse-moi te dire qui tu es. »

Le dialogue interreligieux sera une longue et belle histoire d'amour. Il ne s'agira pas de composer un patchwork. Verser cinq grands crus dans une même barrique ne fera jamais un vin de qualité. Aucun peintre ne s'est amusé à imiter cinq génies différents sur une même toile.

Quel respect, quel amour il faudra pour ne pas décrire la religion de l'autre avec nos propres critères ! Lorsque les croyants inscrivent sur leur stand « Dépositaire exclusif des secrets de Dieu », lorsqu'ils dénigrent le chemin des autres, c'est leur propre foi qu'ils disqualifient.

En écoutant avec un réel intérêt mes frères qui « croient autrement », je désire devenir de plus en plus catholique (universel). « En chaque religion, il y a le feu et la cendre. » Quelle humilité il faudra pour ne pas mettre en parallèle leur cendre et notre feu ou bien leur feu et notre cendre !

Le ver de la violence n'est pas dans le fruit de la religion. Il est urgent d'apprendre à lire les textes sacrés avec des yeux purifiés. Il faudra guérir de nos fondamentalismes assassins, responsables des Saint-Barthélemy, des tortures de Thomas Torquemada et des légions de Ben Laden. La violence naît de nos rancœurs, de notre incapacité à accepter la faiblesse de l'autre, ses limites, ses défauts. Elle vient de nos jalousies, de nos appétits de domination. Dieu n'a aucune complicité avec cette violence.

Le Messie nous attend. Le Messie s'impatiente. Les puissances des ténèbres auront beau s'être acharnées, avoir ajouté des morts serbes aux morts albanais, des morts palestiniens aux morts israéliens, des morts hutus aux morts tutsis, des morts irakiens aux morts américains, ce n'est pas la haine qui l'emportera.

Hérode a fait massacrer deux ou trois cents nouveau-nés en Judée. Il a suffi d'un seul enfant que de jeunes parents ont fait fuir en Égypte, pour que les plans d'Hérode soient déjoués.

Le terrorisme voudrait nous démoraliser. Il n'a pu que renforcer notre désir d'apprendre à espérer et à aimer. Là où la haine a dépassé les bornes, l'amour ira beaucoup plus loin.

Non pas la paix, mais l'épée

> *« Qui aime son frère demeure dans la lumière, et il n'y a rien en lui pour le faire trébucher. »*
>
> 1 JEAN 2, 10

Jésus prévient honnêtement ceux qui ambitionnent de l'accompagner : *« Ils m'ont haï. Ils vous haïront pour les mêmes raisons. »*

« Je vous envoie comme des brebis parmi les loups…
On vous livrera aux autorités…
On vous fera des procès……
Un frère livrera son frère à la mort…
Le Maître a été traité de Satan,
Qu'en sera-t-il pour le disciple ! (Mt 10, 16-25)

Ce ne sera pas la paix mais l'épée…
Ma venue va créer des scissions…
Les familles seront divisées…
Qui aime son père, sa mère, son fils, sa fille
plus que moi ne pourra pas me suivre. »
(Mt 10, 34-37.)

Ces paroles sont étonnantes. Jésus dit en substance aux disciples : « On va très certainement vous tuer, mais n'ayez pas peur : ce n'est pas triste. » Ces paroles seraient celles d'un fou, si elles n'étaient pas celles de Dieu.

Les témoignages dont nous disposons à son sujet nous le montrent d'un équilibre très supérieur, harmonisant en lui des vertus complémentaires comme la force et la douceur, la pensée et l'action, le courage et la sensibilité, l'exigence et la tendresse.

Tout porte à croire qu'Il est réellement l'Absolu, Dieu entré dans notre Histoire.

À partir de lui, rien ne sera jamais plus comme avant. Jésus est tout sauf un idéaliste rêveur. Ce qu'il annonce va en effet se produire. C'est en train de se produire au moment où Matthieu écrit son Évangile.

Jésus ramène à une plus juste proportion les difficultés qui attendent ses disciples. Ce faisant, il relativise le procès que l'on va monter contre lui et sa mort infamante. Quelques jours après sa mort, deux pèlerins marchant vers Emmaüs l'entendront dire : *« Ne saviez-vous pas qu'il devait endurer tout cela ? »*

Je me souviens d'un prêtre torturé en Tchécoslovaquie dans les années 1950. Il me disait : « Je n'avais pas d'animosité contre mes bourreaux. Que pouvaient-ils contre moi ? Me tuer, c'est tout ! »

Ne craignez pas ceux qui peuvent tuer votre corps, craignez seulement ceux qui feraient mourir votre âme, c'est-à-dire ceux qui vous feraient vivre dans la peau d'un lâche ou d'un salaud.

« Celui qui m'aura renié, Je le renierai » (Mt 10, 33). Parole terrible, parole désespérante si nous la comprenons mal. En voyant comment Jésus se comporte avec Simon-Pierre après son triple reniement, on comprend mieux que Jésus veuille simplement respecter nos choix et ne jamais nous forcer la main, et encore moins le cœur. *« Pierre, M'aimes-tu ? »* Trois « Je t'aime » suffiront à effacer un triple reniement. Y avait-il de quoi être terrifié ? Est-ce ainsi que Jésus renie celui qui l'a renié ?

Ne nous laissons pas piéger par des lectures étroites des Évangiles qui donnent du Christ une image sans compassion.

« Jésus est venu pour nous sauver ». Avons-nous une petite idée des malheurs qui nous guettent pour que les mots « salut » et « sauver » puissent nous émouvoir ? Avons-nous une seule fois dans notre existence expérimenté combien notre âme était menacée ?

Catherine de Sienne disait à un ami : « Si tu savais la beauté d'une seule âme, tu n'hésiterais pas à donner mille fois ta vie pour elle. »

Saint-Exupéry voyait combien la substance de l'homme était menacée. Il voyait dans notre époque une conspiration contre l'âme. Tel un prophète, il parlait de Mozart assassiné. Mozart, pour lui, c'était « l'archange en chacun de nous qui dort sur son fumier » et qu'il faudrait réveiller.

Si Jésus est exigeant, c'est comme un officier qui envoie ses soldats accomplir une mission délicate.

Les exigences démesurées du Christ, ses mises en garde, ses appels à une générosité totale, sa description dramatique du sort qui sera réservé à ses disciples, tout cela se comprend mieux. Un enjeu formidable se cache derrière ces mots. La veille du débarquement en Normandie, on ne disait pas en Angleterre : « Engagez-vous, vous verrez du pays », mais plutôt : « Jeunes gens, demain sur les plages d'en face, un sur deux y laissera sa vie. »

Personne ne songe à reprocher à Churchill sa phrase : « Je n'ai à vous offrir que du sang et des larmes. »

La différence est que le nazisme n'était pas la seule menace pesant sur l'humanité et que le courage demandé à un disciple était moins sanglant sans doute, mais de plus longue durée que celui exigé d'un soldat.

Le Dieu-Amour-fait-homme mettait sur pied une formidable armada. De la réussite de cette aventure dépendait le sort de l'humanité.

Cet homme dont le nom est « Dieu sauve », de quoi prétend-il nous sauver ?

En nous éclairant sur le sens de la vie, Il nous délivre du néant et de l'absurde. À Ses yeux, l'amour est une question de vie ou de mort. Nous sommes nés pour aimer. *« Aimez-vous comme Je vous ai aimés. »*

Il nous sauve du sentiment de notre insignifiance en nous redisant chaque jour : *« Tu as du prix à Mes yeux et Moi, Je t'aime. »* (Is 43, 4.)

Il nous délivre de la fatalité en nous apprenant à devenir créateur de notre destinée.

Il nous sauve du mensonge et de l'illusion : *« La vérité vous rendra libres. »*

Il nous délivre du désespoir : *« N'ayez pas peur. Soyez sans inquiétude. »* Rien ne nous arrivera en effet sans que notre Père en soit averti. Ce qui signifie que c'est Lui qui aura le dernier mot et non les forces du mal.

Il a vaincu la plus terrifiante de toutes les contraintes : la mort. Il nous révèle ce qu'elle est : un passage vers la Terre Promise : une naissance.

Il nous délivre des fausses images de Dieu, un dieu contre l'homme, plus dangereux que l'athéisme.

Suivre Jésus, c'est échapper à l'ennui et au non-sens. À celui qui donne tant, est-ce du masochisme de tout donner ? Thérèse de Lisieux écrivait à sa sœur Céline : « Toi qui fus la compagne de son exil et du mépris qu'il a enduré, tu régneras avec lui pour toujours. »

Notre mort : une fin ou une seconde naissance ?

> « La peur de la mort chez les chrétiens, ça prouverait que vous, les curés, vous n'avez pas bien fait votre boulot. Si c'est le départ vers le Bon Dieu, si c'est un nouveau genre de vie, et du super, vos fidèles ne devraient tout de même pas être si tristes. »
>
> Georges BRASSENS

En Inde, l'homme s'ingénie par mille moyens à rechercher l'Ultime Réalité, jusqu'à l'obsession.

« Que peut me faire, à moi, ce qui n'est pas éternel ? », répète inlassablement une jeune princesse à laquelle un roi propose tous les trésors de son royaume. Une phrase de saint Augustin résume cette démarche dans un contexte chrétien : « Seigneur, Tu nous as faits pour Toi, et notre cœur est sans repos jusqu'à ce qu'il T'ait trouvé. » Dans la Révélation biblique, Dieu pourrait dire : « Je t'ai fait pour être avec Moi et Mon cœur est sans repos jusqu'à ce que Je t'aie trouvé. »

Dans la Bible ce n'est pas l'homme qui cherche Dieu, c'est Dieu qui cherche l'homme[1]. Le Dieu des prophètes est douloureux de voir Son peuple Lui tourner le dos. L'Absolu Se laisse éclabousser par les souillures de l'Histoire. L'Éternel Se laisse entraver par le temps. Nous sommes dans la démesure de l'amour et non dans celle de la Toute-Puissance.

Cette folie qui nous dépasse n'est pas inconcevable, si on la regarde avec les yeux de l'amour. Il est sans doute arrivé qu'un père fasse passer l'honneur de son fils avant le sien. Il est arrivé qu'un amoureux fasse passer la vie de sa bien-aimée avant sa propre vie. Le Dieu qui Se révèle à travers les textes bibliques est un Dieu « amoureux » de l'homme. Il est impatient d'entrer en relation avec chacun de nous. Cette affirmation sonne étrangement lorsqu'on entend jour après jour : « Il ne peut pas exister ; on ne Le voit jamais. »

Il n'y a pas que le visible qui existe. Les aveugles le savent. « L'essentiel est invisible pour les yeux. »

La foi donne un nouveau regard. Elle peut nous révéler Dieu. Elle est semblable à un émetteur qui émettrait sans repos. La Parole de Dieu peut nous révéler sur quelle longueur d'onde Ses messages sont accessibles.

Sans la foi, la mort est tragique. Avec elle, tout est transfiguré. L'ordinaire devient extraordinaire. Même la fin du monde ne sera pas le mot de la fin.

---

1. Thème développé dans *Le Rendez-vous de Dieu*, Presses de la Renaissance, 2000.

Les signes avant-coureurs de la délivrance finale sont rudes. *« Les hommes mourront de peur dans la crainte des malheurs arrivant sur le monde. »* Ces signes sont à la démesure de l'infini de bonheur que Dieu a préparé pour nous. *« Quand cela arrivera, réjouissez-vous et relevez la tête »* (Lc 21, 28). Sachez lire entre les signes. Lorsque les bourgeons du figuier éclatent, le printemps est là et l'été n'est pas loin. Tout ce à quoi vous teniez avec tant de ferveur va vous être retiré, mais ce n'est pas triste ! C'est pour vous préparer à accueillir davantage. *« Soyez dignes de paraître debout lorsqu'Il viendra… »* (Lc 21, 36).

On pourrait croire qu'il s'agit ici seulement de la fin du monde. Mais notre propre fin n'est-elle pas pour nous déjà la fin du monde ? Elle est inexorable, certaine, imminente peut-être, avec quelques avertissements. Les insuffisances cardiaques ou respiratoires sont plus impressionnantes que les chutes de météores annoncées dans les Évangiles… Ce départ que nous appelons « mourir », où nous conduit-il ? Qui d'entre nous consent volontiers à regarder sa mort comme le plus grand rendez-vous d'amour ? Si Dieu n'existe pas, c'est le néant qui est l'avenir de l'homme. Cette conviction suffirait à expliquer l'angoisse et le mal-être de notre époque.

« Que je suis heureuse de mourir », écrit la petite Thérèse à un ami prêtre. « Je ne meurs pas, j'entre dans la vie et tout ce que je ne puis vous dire ici-bas avec le langage fatigant de la terre, je vous le ferai comprendre du haut des cieux. »

Thérèse d'Avila à l'instant de sa mort murmurait : « Seigneur, enfin je vais Te voir. »

Le temps présent, si laborieux, si tourmenté, si blessant ou si décevant soit-il, est immense parce qu'il est chargé d'un avenir prodigieux. Comme une graine d'arbre est lourde du trésor qu'elle porte, le quotidien est en train d'accoucher de ce qui deviendra bientôt l'Éternité.

*

Le temps terrestre est un temps d'exil, orienté vers la vraie patrie.

Le temps terrestre est le moment du défi, de l'effort, de la militance, du combat. C'est le temps de l'ombre, de l'à-peu-près, du provisoire. Mais ce temps de la terre est aussi celui de l'attente, tout orienté vers une apothéose définitive dans le Royaume de Dieu.

C'est la période où règnent la bêtise, la souillure, la laideur. Mais le *« prince de ce monde »* n'en a plus pour longtemps. La venue du Fils de l'Homme scelle sa défaite.

Le temps présent est celui de l'affrontement et de la fatigue, de la désillusion et du chagrin. Mais ce stage sur la terre est aussi la période où l'amour peut naître, s'enraciner, grandir.

La vie terrestre est une succession de séparations et de deuils... Il arrive un jour où l'on se dit : « Le départ peut sonner. Ce que j'ai réellement aimé ne peut pas mourir. »

Je ne veux pas diffamer le « doux Royaume de la Terre ». De nombreux avant-goûts du Paradis nous sont donnés ici-bas ! J'ai connu des bonheurs fulgurants pendant des célébrations de l'Eucharistie lors des camps d'aumônerie avec des lycéens et des étudiants. C'était le sommet de ce que nous pouvions partager d'amitié et de joie de vivre ! Une centaine de camps représentent un bel échantillon d'Éternité. Comme le vieillard Siméon, je peux chanter mon psaume d'adieu :

> *« Maintenant, ô Maître, tu peux selon Ta parole,*
> *laisser ton serviteur s'en aller en paix,*
> *car mes yeux ont vu Ton salut… »* (Luc 2, 29).

Qui dira la beauté d'un visage s'approchant du Christ et le recevant dans la joie ?

L'amour terrestre est parfois maladroit, égoïste, injuste. Il est guetté par l'ennui, les malentendus, l'oubli. On a vu l'amitié se transformer soudain en procès. L'amour terrestre est mis en péril par l'indifférence, la jalousie, la possessivité, la domination. « Dieu seul n'est pas provisoire », disait Malraux. Ce n'était pas, dans sa bouche, une plaisanterie.

Dieu nous dit : « Ta mort n'est pas une fin. Elle sera un commencement, un achèvement, une plénitude. »

Pour la plupart de nos contemporains, la mort est le désastre absolu que rien ne peut réparer. La vie en est assombrie.

Voici une parabole : deux jeunes gens vont accomplir la même croisière autour du monde. Ils vivront les mêmes tempêtes sur les mêmes quarantièmes rugissants, et les mêmes escales sur des îles de rêve. Mais l'un d'eux va rejoindre sa fiancée et l'autre, dès l'arrivée, sera pendu. Vous ne me ferez pas croire que le voyage sera identique pour l'un et l'autre, s'ils connaissent l'issue du périple. Pour le premier, même les intempéries seront un bonheur. Pour le second, même les plages sublimes seront un cauchemar.

> L'ésotérisme ironise à souhait à propos des « fins dernières » telles qu'on les imagine en monde chrétien. « Qui renaîtra en paradis ? L'enfant ? Le vieillard ? Qu'en sera-t-il pour l'infirme ? Quels événements rempliront la vie éternelle s'ils ne doivent plus rien modifier ? La personne n'est ni ce que nous sommes réellement ni notre essence intime, bien au contraire. Elle est l'enveloppe illusoire et superficielle qui nous empêche d'être libres et d'accéder au divin. La perpétuer serait l'ultime punition... »

Pour ce courant de pensée, par suite de notre ignorance, nous avons séparé notre « ego » de sa source. Il nous faut alors renaître dans une nouvelle enveloppe aussi illusoire que la précédente. Imaginons une chenille qui ne cesserait de redevenir chenille.

J'interrogeais peu avant sa mort un de nos plus grands physiciens au sujet de notre apparence corporelle après la mort. Il me répondit avec un merveilleux sourire : « Je fais confiance à Dieu. »

Je regarde comment Jésus s'est manifesté après sa résurrection. Il n'est pas devenu un fantôme. Il montre avec fierté ses blessures encore ouvertes. Il mange encore du poisson au bord du lac de Tibériade avec ses amis. Il exprime ses projets et sa joie. *« Allez par le monde entier, proclamez la Bonne Nouvelle »* (Marc 16, 15).

Quel cadeau superbe Dieu nous fait en nous donnant deux fois la vie ! La première fois, à l'origine de notre existence : *« C'est Toi qui m'as brodé au ventre de ma mère. C'est Toi qui as eu cette idée que j'existe. »* (Ps 139.) La seconde fois : le jour où nous quitterons ce monde que nous aurons tant aimé, pour entrer dans le Royaume de Dieu, un univers enfin à la dimension de nos rêves, à la démesure de nos désirs.

Si l'enfant dans le ventre de sa mère pouvait imaginer les merveilles qui l'attendent au-dehors, peut-être serait-il pressé de quitter son univers étroit. Son impatience serait inutile. C'est le présent qui prépare l'avenir. Il lui faut travailler sans trêve ni repos pour se construire des yeux et des poumons qui ne lui sont pour l'heure d'aucune utilité.

La vie terrestre est comme une vie intra-utérine. Mais cette fois nous pouvons déjà entrevoir les merveilles qui nous attendent. Chaque vrai sourire, chaque vraie parole amie, chaque tendresse véritable sont déjà une approche réelle de la vie éternelle.

L'enfant qui naît prématurément est mis en couveuse. Si à notre mort notre cœur est encore encombré d'égoïsmes, il nous faudra passer par un autre stage. Avant de quitter l'Église « militante » pour rejoindre la communauté « triomphante », il faut demeurer dans la communauté « souffrante ». Mais cette souffrance est différente de celles de la terre : cette épreuve purifie, elle met fin à tout ce qui blesse l'élan de la vie.

Saint-Exupéry comparait la mort à la métamorphose de la chrysalide noire en merveilleux papillon multicolore. Il ajoutait : « La mort seule pourra combler celui qui a beaucoup d'espace dans son cœur. »

Est-ce cela, mourir ?

Prince de la vie, dis-moi ce qu'est la mort.
As-Tu connivence avec elle,
Dieu des vivants ?
Un jour, il me faudra quitter ce monde.
Est-ce cela, mourir ?

Un jour, ô merveille, je vais mourir à la bêtise,
à la laideur, aux calomnies.
Je vais mourir à l'injustice, à la jalousie, à la haine…

« Il n'y aura plus ni cri, ni larmes,
ni peine, ni mort…
J'effacerai toute larme de vos yeux » (Ap 21, 1-4).

D'un débordement de Ton amour, je suis né.
Tu m'as choisi pour être épousé,
pour partager Ta vie.
Tu m'as appelé et mis au monde
Pour m'initier à Tes tendresses.
C'est Toi qui me l'as dit :
« Comme un jeune fiancé met sa joie en celle qu'il aime,

Je mettrai en toi Ma joie. »
Est-ce cela mourir ?

Dans la jungle des violences, l'amitié trace son chemin.
Un jour, l'amour l'emportera.
« Un jour, le petit garçon jouera sur le trou du cobra. »
La rancune cédera la place au pardon.
Est-cela mourir ?

Tu approches Ton beau visage et j'entends clairement Ta voix :
« Mon ami :
Dans les travaux les plus simples, tu as été fidèle :
Je vais t'en confier de prodigieux,
entre dans Ma Joie »...
« J'étais seul, tu es venu vers Moi »...
« Malade, tu M'as tenu la main »...
« Humilié, Je Me suis vu beau dans tes yeux »...
« J'étais nu, faible, affamé, en prison, en désarroi,
Tu ne M'as pas tourné le dos[1]*. »*

« Mon enfant, Mon bien-aimé, viens...
Tu as tellement ouvert ton cœur,
J'ai de quoi le rassasier ! oh oui ! pour toujours. »

Lorsque le temps sera venu,
lorsque la graine aura vu son écorce se fendre,
lorsqu'elle sera tout à fait dépouillée de l'artificiel,

1. Mt 25, 21-22 ; 34-37.

du précaire et du provisoire,
elle livrera son merveilleux trésor.

C'est pour moi, enfin, que s'ouvre le ciel.
L'hiver a étendu son linceul blanc sur les tombes,
et moi, j'entends le roucoulement des colombes.

L'aventure est au cœur de Dieu

> *« Pose-moi comme un sceau sur ton cœur car l'amour est fort comme la mort. Les fleuves ne pourront l'éteindre. C'est un feu de Dieu. »*
>
> CANTIQUE des CANTIQUES 8, 6-7

Ni le Dieu des philosophes et des savants (premier moteur, immobile, insensible...) ni, non plus, le « pur esprit » du vieux catéchisme n'ont jamais mobilisé ma curiosité... Lorsqu'il était jeune, le cinéaste Ingmar Bergman demanda à son père : « Tu crois que Dieu a du chagrin de mes peines de cœur ? » Son père, mal inspiré, éclata de rire. Depuis, Bergman n'a pas cessé de crier son athéisme douloureux et sa nostalgie de Dieu dans ses films.

L'aventure en Dieu existe depuis qu'Il a créé des êtres capables de rendre amour pour amour.

« Que faisait Dieu avant de créer ? », demande un enfant sur trois. Question subtile à laquelle il n'est pas simple de répondre à moins d'avoir gardé une âme d'enfant ! « L'amour n'a pas permis à Dieu de rester seul », disait Thomas d'Aquin.

L'Absolu des Upanishads semble moins impassible que l'on imagine.

> « Au commencement, Brahman, l'Absolu, était seul. Il en eut peur.
> Il devint comme un homme et une femme tendrement enlacés.
> De cette union naquirent les hommes… »
>
> (Brihadranyaka)

Ce qu'il y avait en Dieu, en amont de la Création, avant le temps, avant le big bang, c'est au couple humain de nous le dire. *« Dieu fit l'homme à Son image : homme et femme Il les fit »*. Ils sont trois dans le couple : l'homme, la femme et leur amour. Leur amour est un trésor sans lequel ils sont perdus. Sans leur amour, ils ne sont plus que des étrangers l'un pour l'autre. Leur amour les transfigure, les ouvre à leur vrai visage, abolit le temps. En cet amour, ils trouvent leur bonheur et leur raison d'être. S'ils ont confiance en cet amour, ils sont forts contre le mal, contre le doute, contre Satan lui-même. Ceux qui vivent à la chaleur d'un tel feu comprennent combien cette réalité est souveraine. Ils découvrent aussi combien ce royaume est le reflet terrestre d'un Royaume éternel.

La parole s'arrête aux portes du Mystère. L'enfant restera sur sa faim au sujet des occupations de Dieu avant la Création. Sur cette aventure d'avant l'existence du temps, nous nous contenterons de penser qu'il y avait au cœur des trois personnes divines une plénitude à laquelle rien ni personne ne pouvaient ajouter : l'Un et l'Autre et leur Amour.

De cette plénitude même est né le désir de partager avec des créatures la magnificence d'un tel bonheur.

D'où Dieu aurait-Il tiré l'idée de cet amour pour les hommes s'Il ne le vivait pas en Lui-même ? Mystère de la Trinité que rien ne peut éclairer et qui éclaire toutes choses ! Un « Père » Se donne tout entier à Son « Fils ». En Se donnant, Il L'engendre. Il lui donne tout ce qu'Il a, tout ce qu'Il est. Il n'a en propre que d'être Père. Le Fils se reçoit tout entier et entre totalement dans le désir du Père... Voilà le feu qui brûle au cœur de l'Absolu ! Voilà la mesure du Réel. Ce feu que Jésus est venu allumer sur la terre se nomme Amour et aussi Ruah : souffle saint. Les étoiles, les montagnes, les fleurs, les animaux, les humains, tout est né du débordement de la Joie divine. Si j'existe et si vous existez, c'est pour nous préparer à entrer dans cette vie-là, dans ce « ravissement ». La place offerte au banquet de la Trinité dans l'icône de Roublev, c'est la vôtre, c'est la mienne.

Je marche ici à tâtons comme un aveugle avançant vers un feu en tendant devant lui les paumes de ses mains.

Si, comme le dit saint Jean, *« Dieu est Amour »*, Dieu ne veut que ce que veut l'amour. Dieu ne peut pas créer du non-Dieu qui participerait d'emblée aux perfections de Son être. S'Il crée du non-Dieu en vue d'un projet de divinisation, cette transformation ne peut se faire qu'avec le consentement de Sa créature elle-même.

En créant des êtres en voie de divinisation, Dieu invente du même coup la liberté. Avec la liberté, le risque est entré dans l'histoire.

Peut-on laisser l'imagination aller jusqu'à se demander s'il y eut de la part de Dieu une hésitation ? L'homme est tenté de projeter sur Dieu ses réflexions et ses doutes. Il est plus sûr de penser que si Dieu a agi comme Il l'a fait, c'est qu'il n'y avait pas de meilleure solution. Les merveilles attendues au terme de l'aventure de la création valaient sans doute ce risque.

Berechit bara Elohim, « au commencement Dieu créa ». Admirons au passage le verbe créer qui en hébreu a la même racine que le verbe « enfanter ».

Une aventure formidable commence qui n'aura jamais de fin. Elle concerne chaque être humain. Mais elle concerne Dieu tout autant, sinon davantage. Le Maître des mondes dépose Son Honneur, Sa Gloire, Sa Réputation, Sa vie entre les mains de Sa créature. Nous sommes là dans l'inimaginable.

Dieu invente l'espace, Il ne fait pas dans la demi-mesure. L'espace n'aura pas de mesure. Des milliards de galaxies contenant des milliards de soleils géants tournent à des milliards d'années-lumière de distance. Il invente le cadre somptueux où la vie pourra éclore, avancer à tâtons, prendre des milliards de formes, du myosotis à l'éléphant. Un jour, la vie composera ce chef-d'œuvre : l'homme. *« À peine le fis-Tu moindre qu'un Dieu »,* dit un psaume.

L'homme, devant son chien dont le regard crie l'affection, la confiance et la gratitude, se dit : « Il ne lui manque que la parole ». Dieu devant l'homme S'interroge peut-être : « Que lui manque-t-il pour entrer en dialogue avec Moi ? » Il ne lui manque que l'amour !

> *« Devenez comme votre Père,*
> *Lui qui fait briller Son soleil*
> *sur les méchants comme sur les bons,*
> *Lui qui donne Sa pluie aux injustes comme aux justes »* (Mt 5, 45).

La première injonction, le premier désir, la première confidence du projet de Dieu n'est pas au-dessus des forces du couple humain. *« Ayez beaucoup d'enfants, remplissez la terre, prenez-en possession, gouvernez toutes les autres créatures »* (Gn 1, 28).

« Dieu vit tout ce qu'Il avait créé. C'était parfait ». Lors de la Création, Dieu est accompagné de la Sagesse. Elle n'a pas l'air mécontente non plus.

> *« J'étais à Ses côtés comme le maître d'œuvre*
> *faisant Ses délices jour après jour,*
> *m'ébattant tout le temps en Sa présence,*
> *m'ébattant à la surface de la terre*
> *et mettant mes délices à fréquenter*
> *les enfants des hommes. »* (Pr 8, 30.)

Le second récit de la Création souligne l'intimité de Dieu avec Son chef-d'œuvre. *« Yahvé Dieu modela l'homme avec la glaise du sol. Il insuffla dans ses narines une haleine de vie. Et l'homme devint un être vivant »* (Gn 2, 7).

Dieu ne limite pas les prérogatives de l'homme. Il lui rappelle simplement que le chemin de la divinisation ne peut passer que par Lui. Il s'agit d'un cadeau et non d'un hold-up, d'un accueil et non d'une mainmise.

Que de fois ai-je entendu des jeunes se plaindre de ce que, dès sa création, l'humanité se trompa de chemin ! Pourquoi, dès l'origine, s'est-elle mal engagée ? Y aurait-il dans l'homme trop de liberté et pas assez de sagesse ? Pourquoi Dieu n'a-t-Il pas créé Marie à la place d'Ève ? Y a-t-il une réponse à ces questions ? Teilhard de Chardin nous répond qu'il fallait la durée des siècles pour que nos yeux s'ouvrent à la lumière. « Dieu ne peut pas créer une boule en bois », disait-il. Dieu peut créer la graine. Ensuite viendront le jardinier, puis le bûcheron. L'ébéniste enfin sculptera une boule dans le morceau de bois.

Dieu a le génie des rattrapages. Aucune situation n'est pour Lui définitive ou bloquée. C'est pourquoi Il consent au risque des mauvais choix de notre liberté. Il n'arrêtera pas la déviance d'Ève, ni celle d'Adam, ni le bras cruel de Caïn malgré l'amour infini qu'il porte à son frère Abel. (Il va de soi que cette saga des origines est un conte. Mais ce conte déborde de messages.)

Le premier enfant qui naquit sur cette terre est un assassin. Si Shakespeare avait été le narrateur des événements, le tragique de cette saga des origines aurait été insoutenable. L'auteur biblique est plus serein. Dieu avait prévenu Caïn de sa fragilité. *« Si tu n'es pas bien disposé, le péché n'est-il pas à la porte une bête tapie qui te convoite et que tu dois dominer ? »* (Gn 4, 7.) Caïn a décidé de n'en faire qu'à sa tête. Dieu Lui-même ne peut rien pour empêcher ce gâchis. Pour la seconde fois, Dieu est mis à la porte de Sa Création. Mais regardez avec quelle tendresse Il protège Caïn contre les descendants d'Abel qui ne manqueront pas d'inventer la vengeance. Crime et vengeance ! Est-ce cela dont Dieu rêvait en insufflant dans les narines humaines Son souffle divin ?

À la suite d'attitudes criminelles de l'homme, Dieu éprouve un regret. Il va raccourcir la durée de la vie humaine. *« Que Mon Esprit ne soit pas indéfiniment humilié dans l'homme. Puisqu'il est charnel, sa vie ne sera que de cent vingt ans ! »* (Gn 6, 3.) *« Dieu voit que la méchanceté de l'homme est grande. Son cœur ne forme que de mauvais desseins à longueur de journée... Yahvé se repentit d'avoir fait l'homme sur la terre et Il s'affligea dans son cœur... »* (Gn 6, 5-6). Tout avait commencé dans l'euphorie. Mais le désastre se généralise. La bonté de Noé Le fait changer d'avis. Dieu repart à zéro. Noé devient le nouvel Adam. Nous n'en sommes qu'à la sixième page de la Bible.

Résumons le projet de Dieu. « Père saint, nous proclamons que Tu es grand et que Tu as créé toute chose avec sagesse et par amour. Tu as créé l'homme à Ton image et Tu lui as confié l'univers afin qu'en Te servant, Toi, son créateur, il règne sur la création. Comme il avait perdu Ton amitié en se détournant de Toi, Tu ne l'as pas abandonné au pouvoir de la mort. Tu es venu en aide à tous les hommes pour qu'ils Te cherchent et puissent Te trouver » (Prière eucharistique IV).

Dès les origines, le désastre en appelle à l'amour, le péché en appelle à la guérison.

« Ô Dieu qui a merveilleusement créé l'homme et qui l'a recréé plus merveilleusement encore… » Voilà donc Noé, nouvel Adam, et son épouse, nouvelle Ève. Dieu recommence la fabuleuse aventure. *« Soyez féconds. Multipliez. Emplissez la terre. Dominez les espèces vivantes »*. L'injonction est formulée deux fois. La vie est un merveilleux cadeau à faire à quelqu'un. La suite du projet semble avoir évolué. *« Je demanderai compte du sang de chacun de vous… Qui verse le sang de l'homme, par l'homme aura son sang versé. Car à l'image de Dieu l'homme a été fait. »* (Gn 9, 6.)

Les couleurs de l'arc-en-ciel en leur prodigieux mariage des différences sera le signe de l'Alliance. « Tu as multiplié les alliances avec eux et Tu les as formés par les prophètes dans l'Espérance du salut. Père très Saint, Tu as tellement aimé le monde que Tu nous as envoyé, lorsque les temps furent accomplis, Ton propre Fils pour qu'Il soit notre Sauveur… » (Prière eucharistique IV).

Par la suite, dans la très nombreuse descendance de Noé, tout ne va pas pour le mieux. Mais le chroniqueur semble s'intéresser surtout à la belle réussite de la consigne divine : *« Donnez la vie »*. Comme nénuphars sur un étang, l'humanité devient multitude.

Les générations succèdent aux générations. Des siècles s'écoulent. Apparemment, il ne se passe rien. Peut-être Dieu en eut-Il assez de ces humains sous-développés du cœur ! Ils ne semblaient doués que pour le gâchis. N'ont-ils pas inventé, pour faire plaisir à leurs divinités sanguinaires, d'égorger leurs premiers-nés ? Ne leur avait-Il pas dit : *« Je demanderai compte du sang » ?*

Le Maître des mondes, à une époque qui n'est pas très lointaine (16 siècles avant J.-C. environ), choisit un couple d'une nation païenne. Ils vont inaugurer des temps nouveaux. Abraham sera le père de deux peuples : Israël et Ismaël. Une alliance est scellée. La promesse de Dieu à Abraham est irrévocable : *« En toi seront bénies toutes les nations de la terre »* (Gn 12, 3).

Lorsque nous lisons certains textes de la Première Alliance (le chapitre 26 du Lévitique, par exemple), ne concluons pas que Dieu est un Maître impitoyable semblable aux propriétaires d'esclaves. Dieu a su s'adapter à des populations rudes, imperméables à l'amour.

« Si Dieu nous parle, nous mourrons », criaient les Hébreux au pied du mont Sinaï (Ex 20, 19). Ils étaient terrifiés par la pensée de Sa présence. Ce qui ne les a pas empêchés de se construire une idole, un taureau en or, dès que Moïse a eu le dos tourné. Par dérision, l'auteur biblique le nommera un « veau ».

« Il faut lire la Bible comme la confidence d'une mère qui raconte comment elle s'est adaptée à des barbares, à des sauvages, à des primitifs, comment elle s'est adaptée à des progressants... » (Maurice Zundel).

Un jour, Dieu entre dans une nouvelle aventure, la plus folle, la plus risquée, la plus lourde de conséquences heureuses et malheureuses.

Dieu adopta Israël et l'épousa. Ce qu'Ezéchiel résume en une page a duré près de dix siècles. Flux et reflux inimaginables où Dieu est un amoureux blessé. Toujours délaissé, toujours fidèle, toujours trahi, reprenant indéfiniment Son rêve. Lorsqu'Israël se laisse aimer, elle est heureuse, rayonnante à l'ombre de ses vignobles et de ses oliviers. Mais on dirait qu'elle ne sait pas demeurer dans le bonheur. Sa nuque se raidit d'orgueil. Elle joue les coquettes et continue à se « *prostituer* » avec des divinités voisines. Elle leur offre en sacrifice les enfants de son Époux. Dans ces abominations, « *Elle ne se souvient pas des jours de sa jeunesse* » et de sa merveilleuse adoption (Éz 16, 22).

L'infidélité la blesse à mort. Elle perd son identité, sa mission, sa raison d'être. Désormais « friable », elle devient vite la proie et la risée de ses « amants ». Dieu, en tout cela, ne Se rétracte pas comme au temps de Noé. Son amour n'est pas mesuré par la réponse qui Lui est donnée. Son amour est patient, obstiné, inconditionnel, douloureux.

Devant ce gâchis, ne Lui interdisez pas d'avoir mal.

> « *Mon peuple a échangé sa gloire contre l'impuissance...*
> *Ils M'ont abandonné, Moi, la source d'eau vive,*
> *pour se creuser des citernes lézardées*
> *qui ne retiennent pas l'eau* » (Jr 2, 11-12).

Devant cette trahison, ne L'empêchez pas de pleurer.

> « *Et Moi, Je pleurerai en secret votre orgueil* » (Jr 13, 17).
> « *Et Moi qui M'étais dit :*
> *comme Je voudrais te mettre au rang de fils...*
> *J'avais pensé : tu M'appelleras "Mon Père",*
> *tu ne te sépareras pas de Moi.*
> *Comme une femme trahit son amant,*
> *ainsi M'a trahi la maison d'Israël* » (Jr 3, 19-20).

Dieu semble abandonner Israël à ses caprices et à ses folies. Mais il suffit que du sein de Son peuple un seul regard de confiance se tourne vers Lui pour qu'Il « craque » à nouveau. *« Il est le Dieu des pardons, clément et tendre »* (Né 9, 17).

Dans quelle aventure s'est-Il lancé ? Était-ce dérisoire, fou, voué à l'échec ? « Je t'aimerai tant que tu ne pourras pas ne pas M'aimer », semble-t-Il dire, siècle après siècle.

Dieu accordait à Israël des sauveurs qui la libéraient de l'oppression. Mais, sitôt en paix, voilà qu'elle *refaisait le mal devant Lui* (Ne 9, 28). Prospérité dans le sillage de la fidélité, malheur dans celui de la trahison : le scénario se répète avec la régularité des marées. Le Bien-Aimé du plus grand chant d'amour qu'ait connu l'humanité a été reçu un peu fraîchement un matin qu'Il frappait, le cœur battant, à la porte de Sa belle. Alors, Il Se cache et il advient qu'elle souffre désormais de la distance et qu'elle Le recherche.

« Seigneur, Tu nous as faits pour Toi et notre cœur est sans repos jusqu'à ce qu'il T'ait trouvé » (saint Augustin).

Dieu a enduré, pardonné, enduré à nouveau, pardonné encore et encore. Rien ne Le décourage.

> *« Les montagnes seront plutôt devenues des plaines,*
> *avant que l'amour de Dieu ne se rétracte »*
> (Is 54, 10).

Dieu crie Son amour :

> *« Je t'ai appelé par ton nom. Tu es à Moi.*
> *Tu comptes beaucoup à Mes yeux et Moi, Je t'aime »*
> (Is 43, 1, 4).

« Tu oublieras la honte de ta jeunesse car ton époux, c'est ton créateur. »
« Ah ! si tu avais été attentif à Mes désirs, comme un fleuve eût été ton bonheur. »
(Is 43, 1-4 ; 54, 4 ; 48, 18.)

Tout n'est pas désastreux dans cette histoire d'amour entre Dieu et Son peuple. La masse se détourne de Lui, mais, parfois, se détachent un Moïse, un David, un Daniel ou une Judith. Lorsque l'être humain fait confiance à Dieu, c'est comme s'il lui permettait de manifester Sa gloire. Les situations les plus désespérées se retournent. Un terme est mis à quatre siècles d'esclavage avec Moïse. Une innocente condamnée obtient la vie sauve avec Daniel… Il suffit d'un seul cœur pour que l'amour renaisse. Il suffit d'une seule « prise électrique » pour que le « courant » passe.

Prodigieuse aventure. Bientôt, Dieu ne S'adressera plus à un peuple seulement, mais à des personnes chaque fois uniques et répondant chacune en son nom, avec l'huile de sa propre lampe. Petit à petit, nous pourrons comprendre qu'Israël, c'est chacun de nous. Ce qui marquera le plus profondément le changement entre l'Alliance collective avec un peuple et l'alliance particulière avec des personnes sera une nouveauté que l'on a peine à décrire avec nos pauvres mots humains.

Dieu devient membre de Son peuple. Une Personne divine prend visage humain. Le roi se fait berger pour l'amour d'une bergère. Le Bien-Aimé du Cantique franchit l'infranchissable. Cieux, soyez-en stupéfaits ! Cette fois peut-être, nous allons comprendre le risque fou de la création, de la liberté.

« Là où le crime a dépassé les bornes, l'amour a été plus loin » (Rom 5, 20).

« Merveilleuse condescendance de Ta grâce !
Imprévisible choix de Ton amour !
Pour racheter l'esclave, Tu livres le Fils.
Il fallait le péché d'Adam que la mort du Christ abolit.
Heureuse faute qui nous a valu un tel sauveur.
Le pouvoir sanctifiant de cette nuit
chasse les crimes et lave les fautes,
rend l'innocence aux coupables et l'allégresse
aux affligés » (Nuit pascale).

Je suis reconnaissant à mes frères juifs et musulmans de pâlir à la seule pensée que le Dieu transcendant puisse devenir un homme avec ce que cela implique de sueur et de larmes, de fatigues et de déceptions, de fragilité et d'humiliations, de douleurs et de mort. Nous autres chrétiens, il nous arrive d'y être tellement habitués !

En Jésus, l'aventure divine prend un tournant singulier. Lui, Il nous montrera ce que peut bien signifier d'être Fils du Père, à taille humaine, dans le quotidien le plus simple de la vie. Lui, Il nous dira jusqu'où peut aller l'amour lorsqu'on ne résiste pas à sa mouvance. Lui, Il nous montrera ce que peut être ce stage d'une vie terrestre, vécue dans le plus grand dépouillement, avec la plus grande simplicité.

« Tout fut par lui. Sans lui rien ne fut.
De tout être, il était la vie...
Il est venu chez lui et les siens ne l'ont pas reçu »
(Jn 1, 1 et 11).

« De tout être il était la vie. »

Jésus est la vie d'Hérode et Hérode peut l'égorger.

Jésus est la vie des pharisiens et des légistes et *« les pharisiens et les légistes réduisent à néant les projets de Dieu sur eux »*.

Jésus est la vie de Simon-Pierre, son ami, et Simon-Pierre le renie.

Jésus est la vie de Pilate et Pilate le livre aux bourreaux jusqu'à ce que mort s'ensuive.

Étrange « Bonne Nouvelle » lorsqu'on la considère du côté de Dieu ! Il n'est pas mieux aimé que du temps où l'on tuait Ses envoyés.

Jésus-Christ réalise les promesses messianiques : *« Il panse les cœurs meurtris, annonce aux captifs l'amnistie... Il console les humiliés et leur donne un diadème au lieu de cendre. » « Les yeux des aveugles se dessillent, les oreilles des sourds s'ouvrent, le boiteux bondit comme un cerf, la langue du muet crie de joie »* (Is 61, 1-2 ; 35, 5-6). Mais qui s'en aperçoit ? Qui le comprend ? Qui l'accueille ? Qui l'écoute ? Il marche inexorablement vers un guet-apens. Les responsables religieux, civils et militaires se réconcilient entre eux contre lui. Cherchant à alerter les consciences, il se heurte à des murs. Appelant au meilleur du cœur de l'homme, il trouve porte close. C'est à en pleurer ! Il est Fils de Dieu, Dieu Lui-même. Il envoie Son Esprit saint pour que les cœurs s'ouvrent, et les cœurs se ferment. Il démasque les intentions meurtrières. Il cherche la corde sensible. Tout juste si on ne lui rit pas au nez. La petite bande d'amis et de sympathisants qui ont osé le suivre semble dépassée, débordée. À la première menace, ils se dispersent comme des pigeons.

Jésus est condamné à mort comme un malfrat de bas étage. Atteinte à la sûreté de l'État. Atteinte à la sainteté de la religion ; sacrilège.

Certains pensent qu'en se livrant sans défense à la haine de ses adversaires, Jésus a ancré les humains dans la conviction d'être mauvais. Il est permis de voir les choses autrement. Avait-il le choix ? En se laissant torturer et mettre à mort, Jésus révèle aux hommes leur tare congénitale en effet. Mais c'est pour les en guérir. Sur la croix, le diagnostic du mal nous est révélé. En cela réside la première étape du salut. Ce n'est pas rien de découvrir que nous sommes capables de juger le prochain, de lui faire dix à vingt reproches par jour. Ce n'est pas rien de découvrir que nous cherchons à humilier ou à éliminer ceux que nous n'aimons pas.

Ceux qui ont cherché à faire disparaître *« le Juste »* l'ont fait apparaître en réalité dans sa plus grande splendeur. Là se trouve une part non négligeable de ce qu'on nomme la Bonne Nouvelle : le pire peut s'acharner, il ne peut pas vaincre. En définitive, le mal n'aura été qu'un faire-valoir de l'amour.

À la suite de Jésus, un Luther King, un Maximilien Kolbe, un Romero, un Popielusco connaîtront un sort semblable. Chaque fois les bourreaux n'en tireront qu'un échec plus retentissant. Ils multiplieront par mille l'impact de celui dont ils voulaient effacer le nom.

Jésus-Christ sort vivant de son tombeau. Il regroupe son équipe. Il envoie ses amis sur les routes du monde : « Allez dire que l'amour est le chemin, la vérité, la vie. Allez dire que la haine n'a aucun avenir. Allez dire que la mort n'est plus la mort. Allez diffuser la prodigieuse Nouvelle. »

Depuis quarante ans, j'ai consacré ma vie, parmi tant d'autres, à tenter de faire connaître le visage adorable de ce Dieu. Tout se passait comme si une contre-publicité avait vacciné préalablement les auditeurs. Ils parlaient de Dieu comme on parlerait d'un gri-gri porte-chance. « Arrêtez de nous faire croire que Dieu apporte quoi que ce soit aux hommes. Seuls les faibles se raccrochent à ce hochet. » « Après tout ce que les hommes ont fait pour Lui depuis des millénaires, Dieu aurait pu Se donner la peine d'exister » (réflexion d'un jeune de terminale entendue hier). Je n'ai pas cessé d'avoir mal de ce discrédit, de cette allergie, de cette indifférence.

Dieu est la racine de la vie et la vie renie sa racine. Dieu est la source de l'amour et l'amour renie sa source. C'est à en pleurer !

Isaïe, Élie, Jérémie ont connu un tel découragement. Je m'accroche au témoignage de ceux en qui le Dieu de Miséricorde a laissé Sa trace. Le compagnonnage avec ce Dieu a laissé un éclat dans leur regard, une tendresse dans leurs paroles, un enthousiasme dans leurs actes. Je pense au cardinal Marty, au cardinal Etchegaray, à Jacques Lebreton, à Maurice Clavel, à Robert Hossein, au frère Roger, à Olivier Clément. (Je parle de ceux qui sont devenus des amis.)

L'aventure continue au cœur de Dieu. Il brûle toujours autant de Se faire reconnaître avec Son visage d'amour. Il n'emploie aucun moyen de pression autre que la beauté de Ses créatures et la joie de Ses messagers.

Avec chacun de nous, Il recommence la prodigieuse saga biblique. À chacun : Il répète inlassablement :

> *« Je me tiens à ta porte et Je frappe,*
> *Si tu M'ouvres, J'entrerai »* (Ap 3, 20).

Parfois, dans la masse, soucieuse avant tout de sécurité, se lève un regard d'enfant accueillant et confiant. Alors le Père et Son verbe éternel, dédommagés de toute leur peine, envoient à cet être le don de leur Esprit. Ils l'invitent à un partage de Leurs désirs. Puis Ils le lancent dans la grande aventure.

Épilogue
Dieu, ma joie

« Ceux qui t'aiment, qu'ils soient comme le soleil lorsqu'il se lève dans sa force ! »

JUGES 5,31

Tandis que Marguerite Yourcenar écrit « la vue des gens heureux me donne la nausée », des écrivains de renom comme Nietzsche ne cessent d'accuser les chrétiens de blasphémer les joies humaines, de reporter le temps du bonheur vers un au-delà imaginaire.

Les chrétiens se trouvent encore une fois coincés entre deux critiques qui s'annulent.

*

Nous ne pouvons parler qu'à partir de notre propre expérience. Nos jeunes années furent les plus fertiles pour assurer les fondements de notre vision du monde. J'ai oscillé durant ma jeunesse entre la fascination de la joie et le vertige de l'angoisse. Je cherchais l'intensité de la vie. Bonheur et malheur pouvaient également y conduire.

Le scoutisme tel que je l'ai connu fut une formidable école de joie. « Le scout sourit et chante dans les difficultés. » Lorsque je place cette devise dans une conférence en prenant soin de remplacer « le scout » par « le sage », elle a un grand succès. Telle était notre règle de vie. Nos aumôniers étaient rayonnants.

Les conclusions des humanistes athées sur le sens de la vie étaient désabusées. Mais je préférais une vérité triste à de joyeux mirages. Il ne fallait surtout pas se faire piéger par l'Espérance. Je n'entendais plus que les propos de Sartre et de Camus : « L'homme est un être pour la mort » (Sartre). « Montrons au Créateur par la dignité de notre vie que nous n'avons pas mérité un sort pareil » (Camus).

Je rédigeais un « journal ». Dans ses pages, les craintes dépassaient les émerveillements. Je trouvais dans ce pessimisme une complaisance teintée de romantisme. « Levez-vous vite, orages désirés, qui devez emporter René vers les espaces d'une autre vie » (Chateaubriand).

La malédiction de Nietzsche contre le christianisme m'a quelque peu tourné la tête !

« Quel a été jusqu'à présent sur terre le plus grand des péchés ? N'est-ce pas d'avoir dit : « Malheur à ceux qui rient ! » N'avait-il donc trouvé aucun motif de rire sur cette terre, celui qui a dit cette parole ?… C'est qu'il manquait d'amour » : autrement, il nous eût aimé aussi, nous les rieurs. Mais il nous haïssait, il se moquait de nous. Il nous promettait des pleurs et des grincements de dents » (*Ainsi parlait Zarathoustra*).

« ...La croix, signe de reconnaissance de la conjuration la plus souterraine qui ait jamais existé contre la santé, la beauté, la réussite, le courage, l'esprit, la bonté, contre la vie elle-même... » (*L'Antéchrist*).

La fadeur et la tiédeur me donnaient la nausée. Les débuts du service militaire me faisaient exploser devant la bêtise de quelques adjudants manquant singulièrement d'humour. Dans le même temps, je m'émerveillais devant la simplicité des camarades de chambrée dont l'instruction ne dépassait pas le certificat d'études. Avec un faible pour les extrêmes, je dramatisais ce qui me semblait intolérable et m'exaltais de ce qui me paraissait magnifique.

À Dakar, la dissertation d'une jeune Africaine de dix-huit ans nommée Mariam me fut remise :

« Je me souviens de naguère, de mon enfance plus pure que la farine du mil, plus ardente que les insectes des champs. La vie était belle, belle la lumière des sentiers où vibrait l'orchestre des métiers. Dans les cours, les femmes pilaient le mil. La chanson nourricière du pilon dans le mortier, la beauté noire et brillante des pileuses mettait dans mon cœur de la joie. Je songeais au couscous mêlé de lait frais, le lait pur, le lait blanc des gourdes...

» Oui, je me souviens d'autrefois, des douceurs vécues, du soleil qui m'enchantait... des hivernages premiers de “ma vie sur terre”. L'eau mouillait la terre ; la terre sous mes pas s'enfonçait. Je courais, nue, sous les gouttes qui s'écrasaient sur mon dos. Quel enfant de ma race n'a senti cette joie, n'a point connu l'ivresse de boire l'eau qui tombe du ciel, de la sentir caresser la peau, glisser jusqu'aux mollets ?...

» Vers trois heures, il y avait tam-tam. Que d'émotions réveillent en moi ces danses où moi-même j'étais danseuse ! Les sons retentissants des tabalos mêlés aux chants cadencés excitaient. Leste, souple, je m'élançais comme mes sœurs. Pouvoir étrange du tam-tam où la musique est mouvement, le mouvement de la musique. Le sang bouillonnait dans mes veines. Je sautais, dansais. Je sentais mon ventre qui saillait ou s'enfonçait dans mes reins... J'avais huit ans et je criais : "tam-tam, emporte-moi !"

» Puis un jour, vint "mon père" (un missionnaire blanc), vint l'école aussi et prit ainsi fin ma vie libre et simple. On a blanchi ma raison, mais ma tête est restée noire, mais mon sang inattaquable est demeuré pur comme le soleil, pur, préservé de tout contact. Mon sang est resté païen dans mes veines civilisées et se révolte, et piaffe au nom des tam-tam noirs. Toujours, je veux danser, toujours danser, encore danser. »

À cette lecture, je ressentis ce que j'avais éprouvé en lisant Giono. Une païenne se montrait plus vivante que les croyants. Il fallait donc se méfier des religions. Claudel avait écrit : « C'est là où il y a le plus de joie qu'il y a le plus de vérité », mais je n'avais pas lu Claudel. C'est la joie des croyants de la chorale de Notre-Dame de Paris qui l'avait retourné « comme une peau de lapin ».

À l'hôpital de Bobo Dioulasso, en 1951 et 1952, l'expérience des responsabilités me montrait les avantages thérapeutiques de la joie. La joie rendait les soignants plus chaleureux, les soins plus efficaces. La joie des malades les rendait plus disposés à guérir. Comment oublier cet homme, chauffeur européen de la Transafricaine, dont le fémur était brisé en quatre morceaux ! Il me fallut l'accompagner en chemin de fer jusqu'à l'hôpital d'Abidjan (près de mille kilomètres). Sa souffrance était inimaginable. Il me fallait demeurer serein pour être disponible et efficace. Si j'avais donné raison à son désespoir, il était perdu.

La lecture de *Citadelle* de Saint-Exupéry était ma nourriture quotidienne. L'écrivain aviateur me donnait des repères sur le chemin de la vie.

« La beauté n'est pas un but mais une récompense… Si la vie qui s'étale devant toi apparaît pour un instant comme enivrante, c'est au titre où t'emplit de joie le paysage entrevu du haut des montagnes quand il est construction de tes efforts… Je me suis beaucoup attardé à observer ceux de mon peuple qui paraissaient heureux. Et j'ai toujours conçu que le bonheur leur venait, comme la beauté à la statue, pour n'avoir point été cherché…

» Ne me demandez donc point à moi, chef d'un empire, de conquérir le bonheur pour mon peuple. Ne me demandez point à moi, sculpteur, de courir après la beauté ; je m'assiérai ne sachant où courir. La beauté devient ainsi le bonheur. Demande-moi seulement de leur bâtir une âme où un tel feu puisse brûler. »

Saint-Exupéry a mille fois raison. Le bonheur n'est pas à poursuivre comme un but. Il est une conséquence. Un bateau ne cherche pas à laisser un sillage, mais s'il avance, le sillage ne manquera pas de se produire. Le bonheur est au don de soi ce que le sillage est à l'avancée du navire.

Je rêvais de me bâtir une âme dans laquelle la beauté et le bonheur auraient la place centrale. J'étais prêt à entendre le message de joie des pères dominicains que je rencontrai à mon retour en France. À la paroisse étudiante de Clermont-Ferrand, deux religieux étaient vibrants d'un enthousiasme contagieux. Je ne réalisais pas la chance que j'avais de les entendre dans le plein vent des pèlerinages à Vassivière et à Orcival.

Je m'inscrivis à un camp d'étudiants au lac supérieur de Tignes, dans une nature prodigieusement belle. Là, le père Maillard, un dominicain, laissait déborder une joie dont le secret était lisible. Philippe Maillard était la joie faite homme. En l'écoutant, je compris comment les pêcheurs du lac de Tibériade s'étaient laissé entraîner dans la plus formidable histoire de tous les temps. Ils ont abandonné leurs barques et leurs filets à la chaleur d'une parole qui enchantait leur vie. La Joie divine les a arrachés à la routine. On ne peut pas résister à la joie lorsqu'elle a cette force. *« Je suis venu vous apporter ma Joie dans sa plénitude »* (Jn 15, 11). J'étais prêt à abandonner ma barque et mes filets pour suivre ce dominicain. Comme j'aimerais revivre les émotions ressenties en écoutant Philippe raconter le retour de l'enfant prodigue ! Il avait pris soin de lire auparavant quelques extraits d'une lettre tragique de Kafka à son père. La paternité livrée à ses limites humaines pouvait être atroce. La paternité, lorsque c'est Dieu qui aime, quelle merveille !

Au retour de ce camp, je quittai tout. Je frappai à la porte d'un séminaire. J'entrai dans le grand livre de la Parole de Dieu. Le mot hébreu, que l'on pourrait traduire par « être joyeux », *Samear*, revient cent soixante-quinze fois dans la Bible. *« Ta Parole était ma nourriture, la joie de mon cœur »*, écrivait Jérémie (Jr 15, 16).

Ah ! quel visage de Dieu nous découvrions là ! Un Dieu qui bouscule nos idées bien rangées, le Dieu des grands espaces qui accompagne une tribu d'esclaves à travers le désert du Sinaï pendant quarante ans, un Dieu qui fait jaillir l'eau des rochers et tomber des cailles à profusion sur des affamés, un Dieu qui déboulonne les roues des chars de la « division blindée » de Pharaon, un Dieu qui n'est pas neutre, un Dieu qui ne cesse de bénir ses enfants (bénir : dire du bien) ! Un Dieu qui danse ! *« Je danserai pour toi avec des cris de joie »* (So 3, 17).

Tout au long de la Bible, la joie éclate. Du rire de la vieille Sara à l'émerveillement de Tobie dans les bras de sa femme, des larmes de joie de Joseph (passé du tabouret de la prison à un fauteuil de ministre) à l'exultation de Marie en son Magnificat… Elle ruisselle de chaque page, la joie ! Le pire y est toujours transfiguré. L'horreur est changée en aurore. Louange et gratitude coulent des psaumes comme la rosée de l'Hermon. Le Cantique des Cantiques évoque le commencement et l'apothéose de la joie.

Les Psaumes ne cessent d'inviter à chanter :

« À l'ombre de tes ailes, je tressaille de joie » (Ps 63, 8).

« J'exulterai d'une joie éternelle » (Ps 74, 10).

« Quelle joie pour ceux qui mettent en Dieu leur confiance » (Ps 5, 12).

« Le Seigneur règne. Que la terre exulte de joie » (Ps 96, 1).

« Rends-nous en joies les jours d'épreuve » (Ps 89, 15).

Les sages et les prophètes n'en finissent pas de célébrer la joie :

« La joie du cœur, voilà ce qui rend l'homme vivant » (Si 30, 23).

« Comme une jeune épousée fait la joie de son mari, tu feras la joie de ton Dieu » (Is 62, 5).

L'Évangile (bonne nouvelle) prolonge et intensifie la même ferveur. La Bonne Nouvelle que Jésus annonce pourrait se résumer ainsi : « Vous êtes aimés d'un amour infini. Dieu ne se découragera jamais de vous aimer. » L'Évangile commence avec le Magnificat et s'achève dans l'exultation de la Pentecôte.

« Demandez et vous recevrez, si bien que votre joie sera à son comble » (Jn 16, 24).

« Réjouissez-vous, votre récompense est grande » (Lc 6, 23).

« Il y aura plus de joie au ciel et sur la terre pour un seul qui reconnaît ses fautes que pour quatre-vingt-dix-neuf justes » (Lc 15, 7).

Le message biblique ne niait pas le tragique de la vie. La joie et le bonheur consistaient essentiellement en l'accomplissement d'une grande mission. Lorsque Dieu demande à Isaïe de *« crier à pleine voix »,* c'est pour supplier l'homme de ne pas rester sourd aux souffrances de ses semblables (*« ceux qui sont ton propre toi-même »*).

Dans cette solidarité, le bonheur s'enracine. *« Alors tes blessures seront cicatrisées... Tu seras comme un jardin arrosé... Tes ténèbres seront pour toi comme la lumière de midi... On t'appellera "réparateur" de brèches »* (Is 58, 8).

Saint-Exupéry avait puisé à cette source biblique pendant les années qu'il passa dans des écoles chrétiennes. Comme la plupart des humanistes de la même époque, il n'avait pas osé révéler ses sources sauf dans *Pilote de guerre.*

« Ma civilisation a contemplé Dieu à travers les hommes. L'homme était créé à l'image de Dieu. On respectait Dieu en l'homme. Les hommes étaient frères en Dieu. Ce reflet de Dieu conférait une dignité inaliénable à chaque homme. Ma civilisation est héritière des valeurs chrétiennes... Peu à peu nous avons perdu l'héritage... Qu'était devenue notre grande image de l'Homme né de Dieu ?... Nous avons ainsi perdu l'Homme. Perdant l'Homme nous avons vidé de chaleur cette fraternité que notre civilisation nous prêchait... [1] »

La tristesse, le vague à l'âme, l'angoisse sont comme un « voyant qui passe au rouge » parce que l'huile manque. Lorsque nous sommes accordés aux ambitions de

1. *Pilote de guerre*, Œuvres complètes, NRF, p. 374 à 381.

Dieu sur nous, nous sommes toujours en paix. J'écoute de nombreuses personnes lors des retraites que j'anime à longueur d'années. Toutes me confirment cette intuition tirée de chaque page de la Bible : il n'y a de joie durable et profonde que dans la fidélité à la Parole de Dieu. Dieu seul peut baliser le chemin des hommes.

« *Je trouve ma joie dans l'observance de la parole* » (Ps 119, 14).

« *Mon cœur a trouvé sa joie dans la sagesse* » (Si 51, 20).

« *Tu nous donnais des paroles de vie pour notre bonheur* » (Dn 3, 30).

Hier, lors d'une émission télévisée, une femme se vantait d'avoir accueilli une centaine d'hommes mariés dans son lit. Une jeune fille de seize ans au visage lumineux lui a demandé si elle songeait parfois à la souffrance des enfants dont les parents sont séparés. Qui de cette femme ou de cette jeune fille était la plus heureuse ? La différence entre leurs deux visages était saisissante.

Celui qui cherche à aimer trouvera la joie dans le sillage de cet amour. Quelle joie trouvera celui qui est replié sur lui-même ?

« *Cherchez d'abord le Royaume de Dieu et Sa justice. Tout le reste vous sera donné en plus* » (Mt 6, 33). Faites le bonheur des autres, le vôtre ne tardera pas à suivre.

La vie selon le regard du Christ est tressée de souffrances et de joies. La joie des êtres qui nous entourent doit être notre cap et notre boussole. Cette joie est le but de notre existence. Mais lorsque l'amour se heurte à l'indifférence et à la haine, comment la souffrance n'accompagnerait-elle pas ce gâchis ?

« Si une autre religion que le christianisme m'apportait une joie plus haute, j'abandonnerais le christianisme » (François Varillon).

La joie est si grande dans les Actes des Apôtres que les tortures ne parviennent pas à la diminuer. *« Les apôtres s'en allaient, joyeux d'avoir été jugés dignes de souffrir pour le Seigneur »* (Act 5, 41). Saint Paul ose écrire : *« Je surabonde de joie dans mes épreuves. »*

Jésus, évoquant la souffrance qu'éprouveront les disciples après son départ, compare cette douleur à celles de l'accouchement et ajoute : *« Votre peine se changera en joie, et votre joie, personne ne pourra vous la ravir »* (Jn 16, 22).

Table des matières

I

DIEU DE TENDRESSE

II

CHERCHEURS DE SENS

III

QUE FAUT-IL DIRE AUX HOMMES ?

IV

LE RÈGNE DE DIEU EST VENU JUSQU'À VOUS

V

« ÊTRE SAUVÉS... » DE QUOI ?

Composé par Nord Compo
à Villeneuve-d'Ascq

Impression réalisée sur CAMERON par

BUSSIÈRE CAMEDAN IMPRIMERIES

GROUPE CPI

à Saint-Amand-Montrond (Cher)
en février 2003

N° d'édition : 898. N° d'impression : 030487/1.
Dépôt légal : février 2003.

Imprimé en France